यादों के आईने में

[शायरी]

यादों के आईने में

उज़ैर ई. रहमान

राजकमल प्रकाशन

ISBN : 978-81-267-3045-2

मूल्य : ₹299

पहला संस्करण : 2017

प्रकाशक : राजकमल प्रकाशन प्रा. लि.
1-बी, नेताजी सुभाष मार्ग, दरियागंज
नई दिल्ली-110 002

शाखाएँ : अशोक राजपथ, साइंस कॉलेज के सामने, पटना-800 006
पहली मंज़िल, दरबारी बिल्डिंग, महात्मा गांधी मार्ग, इलाहाबाद-211 001
36 ए, शेक्सपियर सरणी, कोलकाता-700 017

वेबसाइट : www.rajkamalprakashan.com
ई-मेल : info@rajkamalprakashan.com

मुद्रक : बी.के. ऑफसेट
नवीन शाहदरा, दिल्ली-110 032

YAADON KE AAINE MEIN
Poetry by Ozair E. Rahman

अनुक्रम

ग़ज़ल

अब्बू के नाम ख़त

प्यारे अब्बू,

इतने साल बीत गए और हमें पता ही न चला कि आप एक मुकम्मल शायर हैं। याद है मुझे, बचपन में जब रात को लाइट चली जाया करती और लोडशेडिंग का वक़्त बिताने के लिए मैं और आपा आपके साथ टहला करते थे तो आप ग़ालिब, ज़ौक़, मीर तक़ी मीर, अकबर इलाहाबादी के शेर सुनाया करते थे। फिर हमसे मतलब पूछा करते थे। कभी-कभी तो आपके समझाने के बाद भी वो शेर एक गुंजलक बनकर रह जाता। मगर जब आप सुनाते तो बड़ा मज़ा आता। कई शेर तो हिस्ट्री के आंसर्स की तरह रट लिए थे हमने, मिसाल के तौर पे...

बेपर्दा नज़र आईं जो कल चंद बीबियाँ
'अकबर' ज़मीं में ग़ैरत-ए-क़ौमी से गड़ गया
पूछा जो मैंने आपका पर्दा वो क्या हुआ
कहने लगीं कि अक़्ल पे मर्दों के पड़ गया

या फिर ज़ौक़ का बेमिसाल शेर

लाई हयात आए क़ज़ा ले चली चले
अपनी ख़ुशी न आए न अपनी ख़ुशी चले

एक दफा पाँचवीं कक्षा में जब अपनी टीचर्स को सुनाया था तो उन्होंने बहुत तारीफ़ की थी। फिर आपसे और शेर सुनकर अपनी कॉपी में लिखे थे और रटे थे...

जिस हाथ से उस शोख़ की जुल्फ़ों को छुआ था
छुप-छुप के उसी हाथ को हम चूम रहे हैं

आपका बचपन आसान नहीं था। भागलपुर सेंट्रल जेल के डिप्टी सुपरिंटेंडेंट के घर पैदा होना अपने आप में एक मुजाहिदा था। बाप के ख़ौफ़ और माँ के प्यार में बड़े हुए आप। हमेशा हमें यही बताया कि दादा-अब्बी के ख़ौफ़ ने आपको ज़िन्दगी में स्ट्रगल करने में मदद की। जीवन की आपदा को अवसर में तब्दील कैसे किया जाता है, हमने आपसे ही सीखा है। सिविल सर्विसेज इम्तिहान में उम्दा रैंक मगर एक ऊँची सरकारी नौकरी को न चुनना क्यूँकि ईमानदारी को नहीं छोड़ पाएँगे आप...मुश्किल फ़ैसले कितने आसान बना दिया करते हैं आप आज भी। ज़िन्दगी अपने तरीक़े से जीने के लिए वैसी बनानी भी पड़ती है। आपने जो कुछ भी हासिल किया अपने दम पर। माँ-बाप की दुआ और आपकी लगन ने आपको कितनों का 'रोल मॉडल' बना डाला। दिल्ली यूनिवर्सिटी में इंग्लिश के प्रोफेसर रहे आप इतने सालों। अब समझ आता है कि आपके फेयरवेल में आपके जूनियर लेक्चरर्स और स्टूडेंट्स आपको 'रोमांटिक लिटरेचर' का गुरु क्यों माना करते हैं। आपकी शायरी में मोहब्बत का जहाँ नज़र आता है। मेरा मानना है कि ज़िन्दगी को मेहबूब बनाओ तो प्यार हर रंग में नज़र आता है और ये आपसे ही सीखा है।

ये आपकी पहली किताब है। इसमें आपकी नज़्में और ग़ज़लें कुछ इस तरह सजी हुई हैं जैसे रूह के फूल हों। ख़ूबसूरती की एक नई बात चली है, मोहब्बत की वही सौग़ात लिये और हम आँख मूँदे, बाँहें फैलाए प्यार के मोती अपनी झोली में भरने को तैयार हैं।

आग़ाज़-ए-सफ़र का कोई अंजाम अब न हो
दिल की नई किताब का पैग़ाम बस जो हो

आपकी बेटी

सायमा

ग़ज़ल

1

हाले-दिल वो पूछने आने लगे।
मरने वाले ज़िन्दगी पाने लगे।

कोई बतलाए मिले कैसे क़रार,
हर तरफ़ जब तुम नज़र आने लगे!

छेड़ा क्या अफ़साना तुमने प्यार का,
हम भी क़िस्से कल के दोहराने लगे।

हुस्न का चाहा रक़ीबों से बयाँ,
बोलते क्या ख़ाक, हकलाने लगे।

'तुम रहे हो मर्ज़ भी, तुम ही इलाज',
कह दिया क्या, वो तो इतराने लगे!

दिन हो उसका, देख ले पहले तुम्हें,
देर जो कर दे, हवा खाने लगे!

मर्ज़ आँखों को है लाहक़ जानिए,
जब बुराई बस नज़र आने लगे!

नींद पर भी लग गईं पाबंदियाँ,
जब से ख़्वाबों में हुज़ूर आने लगे!

रातें तो हो जाती थीं अकसर गिराँ,
दिन के हिस्से में भी ग़म आने लगे।

इश्क़ है जानम, तिजारत ये नहीं,
फ़ायदे का क्यों ख़्याल आने लगे?

शायद हो जाए फ़लक अब मेहरबाँ,
सोच कर हम दिल को बहलाने लगे!

लाहक़=हो जाना, गिराँ=बोझ

2

हिसाबे दोस्ताँ दर दिल नहीं अब।
पलटना बातों से मुश्किल नहीं अब।

किया करते थे जो जाँ भी निछावर,
भरोसे के भी वो क़ाबिल नहीं अब।

समुन्दर की हदें बढ़ने लगी हैं,
नज़र आते कहीं साहिल नहीं अब!

रहे थे जो शरीके-ग़म शबो रोज़,
ख़ुशी देखी तो वो शामिल नहीं अब!

क़हर ढाता रहा जो हुस्ने-जानाँ,
बसद अफ़सोस, वो क़ातिल नहीं अब!

बुराई करना लाहासिल है लगता,
सुनें दो कान जो फ़ाज़िल नहीं अब।

बनें बेहतर भी अब इनसान कैसे,
बनाने को वो आबो गिल नहीं अब!

भला तय भी हो ये रस्ता तो कैसे,
निगाहों में कोई मंज़िल नहीं अब।

तसाहुल छोड़, ये वक़्ते-अमल है,
गुज़र पाएगी यूँ काहिल नहीं अब!

करें क्या ज़िन्दगी क़ुर्बान उस पर,
रहा जो ज़ीस्त का हासिल नहीं अब!

हिसाबे दोस्ताँ=दोस्तों का हिसाब, दर दिल=दिल ही दिल में, शबो रोज़=रात-दिन, आबो गिल=मिट्टी और पानी, तसाहुल=आलस्य, लापरवाही, वक़्ते-अमल=काम करने का वक्त, ज़ीस्त=जीवन, हासिल= प्राप्ति

3

मुझे ऐ ज़िन्दगी आवाज़ मत दे।
नहीं मंज़िल कोई, परवाज़ मत दे!

जिये जाता हूँ, आदत बन चुकी है,
नहीं सुर लगते, या रब साज़ मत दे।

नया है रूप आलम का ख़ुदाया,
अनोखा अब मुझे अन्दाज़ मत दे!

नतीजा जानता हूँ दिल्लगी का,
सज़ाए-फ़ाख़्ता को बाज़ मत दे।

अदाएँ हैं गवारा, गर हों क़ाबिल,
न पाया हुस्न हो गर, नाज़ मत दे।

पसे-पर्दा रहा है भेद अब तक,
नहीं हामिल, उन्हें तू राज़ मत दे।

रहा अंजाम है जिनकी नज़र में
उन्हें जो चाहे दे, आग़ाज़ मत दे!

निभाया फ़र्ज़ ही कब हुक्मराँ का?
किसी क़ातिल को तू एज़ाज़ मत दे!

हामिल=बोझ ढोलेवाला, एजाज़=चमत्कार

4

फिर ये किस ने मुझे जगाया है।
फिर से ख़्वाबों में कौन आया है।

फिर से नम ये हुईं हैं क्यों आँखें,
फिर तुम्हारा ख़्याल आया है।

फिर से रूठी है क्यों ये शहनाई,
फिर से मातम का माह आया है!

आरज़ू हो गई है फिर बेबाक,
फिर ख़बर गर्म कोई लाया है।

फिर नए साल की है तैयारी,
जश्न पर गोलियों का साया है!

फिर चमन में रहेगा हंगामा,
फिर नया फूल कोई आया है।

फिर से बादल हैं आसमानों में,
अब्र उम्मीदें ले कर आया है।

फिर सज़ा का हुआ है अंदेशा,
मुझको तनहाई में बुलाया है।

फिर से तारीख़ बन गया मौज़ू,
फिर से क़िस्सा नया बनाया है।

फट रही है ये फिर से धरती क्यों,
फिर से यज़्दाँ का क़हर आया है?

घर हुआ है ख़ुदा का वीराँ फिर,
फिर से आसेब उसपे छाया है।

फिर से क़ानून ताक़ पर रखा,
फिर से दंगाइयों को लाया है।

देखो तो ग़ौर से, वही ज़ालिम,
फिर से चेहरा बदल के आया है।

फिर से छाई है एक ख़ामोशी,
फिर नया ज़ुल्म कोई ढाया है!

फिर है बस्ती में एक बेचैनी,
फिर नया फ़ितना आज़माया है।

फिर से ख़तरा खड़ा है मुँह खोले,
फिर से अपना हुआ पराया है।

फिर से मंदिर में शंख फूँकें हैं,
फिर से गुम्बद में ख़ौफ़ आया है।

साज़िशें बन्द हों तो दम आए,
फिर लगे देश लौट आया है।

फूटेंगे हर तरफ़ से फिर चश्मे,
फिर ग़ज़ल उसने गुनगुनाया है!

अब्र=बादल

5

सताती याद उसकी आज भी है
रही हर पल थी मेरी आज भी है

मिले थे ख़्वाब में यूँ तो गले हम
वही ख़ुश्बू, वो प्यारी आज भी है

किताबों से गुलों का यूँ निकलना
बहानों की वो मारी आज भी है!

छुड़ाना हाथ घंटी के ही सुनते
वही घंटी डराती आज भी है

कही थी बात जाने कितनी तूने
ज़ेहन में रोज़ आती आज भी है

रहे वादे थे मुझ से ढेर सारे
किए कब पूरे बाक़ी आज भी है

भरी महफ़िल में आना पास मेरे
पुरानी वो कहानी आज भी है!

दुपट्टे का सरकना सर से यूँ ही
अदा मौजूद सारी आज भी है

वो बाँहों में समाने का तसव्वुर
वो देता शादमानी आज भी है

वो लेते नाम साँसें तेज़ होना
वही ख़ुश्बू तुम्हारी आज भी है

हथेली की लकीरों का बहाना
वही हाथों की नर्मी आज भी है!

ये बातें सारी माज़ी की हैं लेकिन
इबारत दिल पे देखी आज भी है

जो कहते हैं कि मैं हूँ क्यूँ अकेला
वो जानें क्या, वो मेरी आज भी है!

मज़मूँ=विषय, शादमानी=ख़ुशी का एहसास, माज़ी=अतीत

6

जहाँ से उठ रहा है ताना बाना, सब हुआ ख़ाली।
ज़बाँ ख़ाली, बयाँ ख़ाली, नहीं था कुछ, रहा ख़ाली।

जिधर नज़रें घुमाएँ हर तरफ़ आबाद लगता है,
मगर जब ग़ौर से देखें, मकाँ था जो, हुआ ख़ाली।

जो ज़ाहिर की नज़र से देखें तो हर शय भरी सी है,
जो देखें नज़रे-बातिन से, बशर हो कर रहा ख़ाली!

ज़रा परखे कोई इन झूठे दावों की हक़ीक़त को,
निरे अल्फ़ाज़ हैं कोरे, अमल से रह गया ख़ाली!

दिखाते चोंचले बस हैं ग़रीबों से मुहब्बत का,
पसे-पर्दा ले आते हैं ग़रज़ अपनी बता ख़ाली।

मुहब्बत करने वाले भी नहीं हैं मुख़्तलिफ़, क्योंकि,
नहीं इनके ख़याल आला, है वहशीपन भरा ख़ाली।

पुराने लोग थे जिन पर खुले थे राज़ उलफ़त के,
मगर इस दौर में है ये हुनर बस बन गया ख़ाली!

बड़ा जी था यहाँ बनते कभी हम पीर या मुरशिद,
सितम कहिए जहाँ पीरों से अब है हो गया ख़ाली।

ये कैसा दौर है, नक़्शा बनाया जाने है किस्ने,
समुन्दर बेकराँ ऐसा, जो पानी से रहा ख़ाली।

करें छोटा न दिल अपना,चलन है ये ज़माने का,
जहाँ दावे किए बढ़कर, वो दावों से रहा ख़ाली!

हक़ीक़त जान ले तू इस शहर की ऐ मेरे हमदम,
जहाँ देखो है ख़ालीपन, नगर ये कुल हुआ ख़ाली।

बातिन=अन्दर की, बशर=जानदार, आला=ऊँचा, पसे=पीछे, पीर=सन्त, मुरशिद=चेला, बेकराँ=जिसकी हद न हो

7

नज़र फिराइये घर अजनबी का लगता है।
नया नया सा नए आदमी का लगता है।

कहें किसे यहाँ हम ग़ैर, सब तो अपने हैं,
मगर जो तौर है वो बेदिली का लगता है।

नहीं है बात पुरानी जो भूल जाएँ हम,
मिज़ाजे-यार भी अब बेरुख़ी का लगता है।

जगह वही है जहाँ आँखें थीं बिछा करतीं,
मगर है हाल जो अब, बेबसी का लगता है।

मैं आके बैठता हूँ घर में जैसे पंछी आए,
नज़र घुमाइये गर और किसी का लगता है!

नहीं है शिकवा किसी से मगर रहा सच है,
दयार-ए-ग़ैर ही ज़्यादा ख़ुशी का लगता है!

जो बैठूँ ग़ैरों में जा कर, सुकून हो हासिल,
जो आऊँ अपनों में अफ़सुरदगी का लगता है!

इलाही कैसा है अब ज़िन्दगी का ये अन्दाज़,
जहाँ अब दूसरों का दिल सख़ी का लगता है।

निजात चाहिए मुझको, निजात उनको भी,
क़ज़ा का मामला दिल बस्तगी का लगता है!

आरज़ी=अस्थायी, तौर=तरीक़ा; अन्दाज़, सानेहा=दुर्घटना, दयारे ग़ैर=दूसरों का घर, निजात=मुक्ति

8

चलो इक आख़री एहसान कर दो।
भुलाना मुमकिन मेरी जान कर दो।

गिला कोई नहीं तुमसे है जानाँ,
बुरा बस ख़्वाब था, एलान कर दो।

न रिश्ता था कभी, कोई न होगा,
कहो और मामला आसान कर दो।

परेशाँ हूँ मैं ख़ुद अपनी वफ़ा से,
जफ़ा तो जल्दी बेईमान कर दो!

समझ लो कोई रिश्ता ही नहीं था,
ये नज़रें फेर कर अंजान कर दो!

बहुत देखे फ़रिश्तों जैसे मैंने,
ऐ मेरे रब मुझे इनसान कर दो।

करे दुनिया को जो अपने मुताबिक़,
मुझे ऐसा कोई फ़रमान कर दो।

नहीं वाक़िफ़ रिवाजे-दोस्ती से
उधर भी सीने में हैजान कर दो।

न अब उम्मीद है कोई, न हसरत,
तमन्नाओं को भी बेजान कर दो।

कुछ ऐसा जाओ दे कर जो न भूलूँ,
ये गलियाँ यादों की सुनसान कर दो!

भुलाने का जो फ़न तुमने है सीखा,
सिखा कर मुझको भी हैरान कर दो।

बहुत चाहा भुला दूँ हाय लेकिन,
न कर पाया, सिफ़त ये दान कर दो!

मुताबिक़=अपने जैसा, वाक़िफ़=परिचित, हैजान=उथल पुथल, सिफ़त=गुण

9

अब कोई ग़र्ज़ नहीं, दिल में अभी बात नहीं।
खाई शह प्यार में है, पर हाँ कभी मात नहीं।

ख़ूब मालूम है इन रिश्तों का ताना बाना,
दूसरा समझे भी कैसे, कहीं जज़्बात नहीं।

बन्द कर लूँ जो ये आँखें, तेरी सूरत देखूँ,
खोलूँ जब देख न पाऊँ, है बड़ी बात नहीं!

दिले-मुज़तर न कभी चैन से बैठे दिन को,
चैन जिस रात मुयस्सर था, गई रात नहीं!

माँग उठती है कि रिश्तों में रहे गहराई,
ग़म रहा पास हो, मिलती है ख़ुशी साथ नहीं।

बे ग़रज़ होके जो चाहा है तुम्हें सच कह दूँ,
है इबादत ये, किसी से मिली सौग़ात नहीं।

जब भी आता है तेरा नाम मेरे नाम के साथ,
जी मैं उठता हूँ कि आई ख़ुशी, सदमात नहीं!

आँखों से दिल में उतारा है तुम्हें क्या मालूम,
ख़ुशियाँ आँखों में रहेंगी, भरी बरसात नहीं!

मुज़तर=बेचैन, सदमात=हादसे

10

ज़ालिम उठा के ले गए सब, कुछ न पर लगा।
सच ये है ख़ाली देख, कुछ अपना सा घर लगा!

करता रहा मैं मिन्नतें, कम की न कुछ दुआ,
हासिल हुआ न कुछ तो ख़ुदा बे असर लगा!

देखा गुलों को झूमते, जाना बहार है,
पत्ते गिरे ख़िज़ाँ में जो, सूखा शजर लगा!

वाइज़ की लनतरानियों का ये हुआ असर,
सर फट रहा था दर्द से, दिन का सफ़र लगा!

दस होंगे गर हिमायती तो बीस थे हरीफ़,
कहने को यूँ था अपना, पर बेगाना घर लगा!

परहेज़ रहबरों से नहीं, पर ये है ज़रूर,
देखी जो इनकी हरकतें, हर्जाना सर लगा!

ज़ाती ग़रज़ के वास्ते सब है इन्हें क़ुबूल,
उनका वतन के साथ ये करना क़हर लगा!

हमदर्द अब भी ख़ूब हैं, कुछ चारागर भी हैं,
जो कह रहा था उसपे सेहर का असर लगा!

अरसा गुज़र गया न कभी देखा आईना,
दीवाना सामने था जो देखा तो डर लगा!!

वाइज़=धर्मोपदेशम, लनतरानियों=लच्छेदार तक़रीरें, हरीफ़=प्रतिद्वन्द्वी, रहबर=मार्गदर्शक

11

आँखों में हाँ था समाता कोई।
नींद उड़ाकर था सताता कोई।

चोट बर्दाश्त से बढ़ आती जब,
बाँट कर ग़म था मनाता कोई।

आलमे-शौक़ था बेदार यहाँ,
थपकियों से था सुलाता कोई!

नाकाबंदी रही थी शहर में जब,
खोल कर दर था बुलाता कोई।

शबे-फ़ुर्क़त जो सता जाती थी,
ख़्वाब मेरे था सजाता कोई!

रूठ कर बैठ जो हम जाते थे,
चुटकियों में था मनाता कोई।

कान मानूस थे जिस आहट से,
आड़ ले कर था डराता कोई!

ख़ौफ़ और शौक़ के दोराहे पर,
हाथ छू के था जगाता कोई!

आती है एक दबी-सी आवाज़,
प्यार को क्यों था जताता कोई!

आलमे शौक़=शौक़ की हालत में, बेदार=जागा, फ़ुरक़त=जुदाई, मानूस=आदी

12

उतरे हुए चेहरे को बनाना नहीं आया।
रूठे रहे इस दिल को मनाना नहीं आया।

करते थे बड़ी बातें सही और ग़लत की,
सीने में दफ़न रखा, बताना नहीं आया।

इल्ज़ाम लगाने में कभी बुख़्ल रहा कब,
पर बात जो हक़ थी वो सुनाना नहीं आया।

महबूब है तू मेरा वकालत करे उसकी,
कुछ मेरी समझ में ये फ़साना नहीं आया!

है ख़ूब ज़बाँ शीरीं, मधुर भी बहुत आवाज़,
लेकिन तुझे इक नग़मा सुनाना नहीं आया !

वक़्त उनपे लगे जिन्को हैं मालूम फ़राइज़,
ग़फ़लत में जो थे उनको जगाना नहीं आया।

तुमको भी मेरे चाहने की है कहाँ परवाह,
मुझको भी कभी बात बनाना नहीं आया।

है प्यार का ये खेल कहाँ मक्र से ख़ाली,
लेकिन दिले-नादाँ को दिखाना नहीं आया।

है टूटने को कच्चे इन धागों का ये रिश्ता,
था दिल में कहा, बात घुमाना नहीं आया!

कुछ तुम भी अनाड़ी थे, रहे ना में ही उलझे,
और हम को भी हाँ तुम से कराना नहीं आया!

अफ़सोस रहेगा कि नहीं सीख सके प्यार,
तुमको भी मेरी जान, सिखाना नहीं आया!

बुख़्ल=कंजूसी, हक़=सच; शीरीं=मीठी

13

बताना तुमको मुश्किल है, छुपाना और भी मुश्किल।
रहा मिलना है आसाँ कब, हटाना और भी मुश्किल।

तुम्हें मालूम क्या, तुम में भरा है कौन–सा जादू,
न सर चढ़े रहे मुश्किल, चढ़ाना और भी मुश्किल!

रहो जब तुम ख़रामे–नाज़ में, साँसें भी रुक जाएँ
जो छोड़ूँ जान जाए, ले न पाना और भी मुश्किल!

रहे अब आसरा किस का, दिलाई आस है तुमने,
रहे आना तो मुश्किल, आके जाना और भी मुश्किल।

न दिन का चैन हो, न ख़्वाब आएँ हमको रातों में,
गुज़र जाए ये दिन, रातें बिताना और भी मुश्किल!

रहें नज़रें फ़लक पर, खेल देखें चाँद तारों का,
दिखाना चाँद मुश्किल, तारे लाना और भी मुश्किल!

तुम्हारे गेसू लहराएँ, लगे यूँ छाए हैं बादल,
गिरें रुख़ पर रहे मुश्किल, हटाना और भी मुश्किल।

तुम्हारा हाथ लूँ जब हाथ में, डर हो ज़माने का,
न पकड़ूँ दिल करे लानत, छुड़ाना और भी मुश्किल!

बने हालात जो हैं, कुछ नहीं लगता है अब आसाँ,
तुम्हें खोना भी मुश्किल, खोके पाना और भी मुश्किल!

फ़लक=आसमान, गेसू=ज़ुल्फ़ें

14

मुझको निकाला तूने जो है आह की तरह।
आएँगे हम भी दिल में तेरे चाह की तरह।

गर दूर भी मंज़िल हो, नहीं कोई मुझे ग़म,
मिल जाएगी गले भी वो इक राह की तरह।

घर में है फ़क़ीरी मगर दिल में है रईसी,
और नख़रे नाज़ भी यहाँ हैं शाह की तरह।

माने कोई न माने मगर जान ले दुनिया,
रख देंगे अपनी बात हम, गवाह की तरह।

होती हैं लग़ज़िशें भी कभी, मानते हैं हम,
लेकिन बदलते हम नहीं हैं माह की तरह।

हाँ शक नहीं कोई कि है बाज़ार ये दुनिया,
जो खींचती है हमको हुब्बे जाह की तरह।

अब देखते हैं रहता है वो चाह की मानिन्द,
या सूए फ़लक जाता है वो, आह की तरह!

लग़ज़िश=ग़लती, हुबबे जाह=पद या लालच, सूए फ़लक=आसमान की तरफ़

15

ग़म जो सीने में समा जाए, ग़ज़ल होती है।
वस्ल की चाह जो आ जाए, ग़ज़ल होती है।

सीने में दर्द लिये आए वो महबूब के पास,
ले के हसरत जो चला जाए ग़ज़ल होती है।

गेसू के पेंच सँवारा करे पेश आईना,
शानों पर ज़ुल्फ़ें गिरा जाए, ग़ज़ल होती है।

दूर सेहरा में तड़पता हो प्यासा कोई,
घूँट बस दो भी पिला जाए, ग़ज़ल होती है।

क़दम उठते हों ज़माने के, बला से मेरी,
पाँव गर वो जो उठा जाए, ग़ज़ल होती है!

तुम नज़र भर के अगर देखो पड़े चैन मुझे,
वो जो पलकें भी झुका जाए, ग़ज़ल होती है!

लनतरानी भी असर कोई नहीं कर पाए,
वो जो इक हाय सुना जाए, ग़ज़ल होती है!

लनतरानी=लच्छेदार बातें

16

हम तिरा अहदे वफ़ा जानते हैं।
जाना गर ये नहीं, क्या जानते हैं!

नेकनामी से रहे हम महरूम,
दिल लगाने की सज़ा जानते हैं।

थे रक़ीबों से मरासिम तेरे,
क्यों रहा दर है खुला, जानते हैं।

करवटों में थी गुज़ारी शबे-हिज्र,
कैसा था हम को लगा, जानते हैं।

वस्ल के शौक़ ने बर्बाद किया,
हम तिरे ना की अदा जानते हैं।

कब है की कोई तवक़्क़ो तुझसे,
की वफ़ा हमने, सिला जानते हैं।

क्यों हो बहलाते हमें वादों से,
हम नहीं जैसे भला जानते हैं!

कलियों से कैसी है ये सर्गोशी,
हम तुझे बादे सबा जानते हैं।

दे तसल्ली न मुझे राहते जाँ,
हम नहीं जैसे क़ज़ा जानते हैं!

अहद=वादा, महरूम=वंचित, रक़ीब=प्रतिस्पर्द्धी, मरासिम=सम्बन्ध, हिज्र=विरह, तवक़्क़ो=उम्मीद, सिला=ईनाम, बादे सबा=सुबह की हवा, क़ज़ा=मृत्यु

17

बेनेयाज़ी का ये अन्दाज़ बुरा लगता है।
महिफ़ले-शौक़ में हो साज़ बुरा लगता है।

माना हमने के तेरे अपने नहीं हैं हम भी,
लेकिन ग़ैरों पे खुले राज़, बुरा लगता है।

एक तनहाई की दौलत जो मिली है मुझको,
उसका हो ऐसा कुछ आग़ाज़, बुरा लगता है।

गोशा कैसा भी हो महबूबे-नज़र है यारो,
तुम भी गर हो मेरे हमराज़, बुरा लगता है।

बज़्म हो ताब पे, और सामने वो शोख़ अदा,
वाइज़ कर दे जो शुरू वाज़, बुरा लगता है।

जैसी उफ़ताद हो वैसी ही कोई बज़्म चुनो,
चिड़ियों के झुंड में इक बाज़ बुरा लगता है।

मैंने चुपके से तुम्हें अपना कहा कानों में,
इस पर भी हो गए नाराज़, बुरा लगता है।

झटको ज़ुल्फ़ें, न कोई क़त्ल का सामान करो,
जाँ बहक़ हो न इक जाँबाज़, बुरा लगता है!

बेनेयाज़ी=अपने में मगन; किसी से कोई मतलब नहीं, आग़ाज़=शुरुआत, गोशा=एकांत, बज़्म=महफ़िल, बाम=ऊँचाई, शोख़ जमाल= ख़ूबसूरत हसीना, उफ़ताद=तबीयत, बज़्म=महफ़िल, जाँ बहक़=शहीद होना

18

कभी तुम मेरी नज़रों से सनम अपनी नज़र देखो।
मुहब्बत ही नज़र आएगी चाहे तुम जिधर देखो।

तरस्ते हैं किसी ऐसी नज़र को कितने दिल वाले,
मगर उनके मुक़द्दर में है कब ऐसी नज़र देखो!

हुआ करते हैं नज़रों में बहुत से राज़ पोशीदा,
यक़ीं आता नहीं तो तुम हमारी चश्मे-तर देखो।

ये आँखें प्यार में डूबी बयाँ करती हैं अफ़साने,
निछावर जान कर दूँ ऐसी नज़रों से अगर देखो।

नज़र की बात होती है, ये सब है खेल नज़रों का,
करम की डाल कर नज़रें, ग़रीबों पर असर देखो!

कहीं नज़रों में बेताबी, हया झलके कहीं लेकिन,
कभी माशूक़ की नज़रों में आशिक़ की नज़र देखो।

कहाँ से लाए हो नज़रें, बनेगा क्या ज़माने का,
नज़र हटती नहीं तुम से, न लग जाए नज़र देखो!

19

बरस बीते, जगह तो थी वही, हाँ तुम न आए बस।
यकायक बिजली कोंदी, बरक़ लहराई तुम आए बस।

समझ में ये नहीं आया कि ऐसी ख़ास क्या थी बात,
कि मैं बस जम गया, जैसे क़ज़ा यूँ आ ही जाए बस!

वो कुछ पल ही सही लेकिन लगा मेरा गया अब होश,
सँभल बैठा, दुआ करता रहा, दिल से न जाए बस!

निगाहें बार-बार उठतीं, और वो भी एक ही जानिब,
बपा सीने में था हैजान, ख़बर कुछ भी आ जाए बस!

जो मौज़ू था पढ़ाई का, वो भी काफ़ी मुताबिक़ था,
चला था इश्क़ का जो ज़िक्र, परतौ आता जाए बस!

कभी तुम देखते पीछे, कभी तुम देखते आगे,
यहाँ था एक ही चेहरा, वही आँखों में आए बस!

कहा मैंने, सुना सब ने, मगर तुमने नहीं अफ़सोस,
फिर अपना फेरा चेहरा, ख़ौफ़ लेकर दिल में आए बस!

अदाओं का तुम्हारे कोई सानी था नहीं उस दिन,
तुम्हीं थे या ये दुनिया थी, हँसी इतनी न आए बस!

बड़ी मुश्किल से थामा दिल मगर ये भी रहा बेसूद,
खुला ग़म का सभी पहलू, अश्क भी कितने आए बस!

करूँ क्या दिल पे जो हमला हुआ है ऐ मेरे हमदम,
गया ये काम से, या है बचा, कोई बताए बस!

क़सम ले लो जो फिर ऐसी जगह दोबारा मैं आऊँ,
जहाँ लगता ज़ख़्म सीने पे हो या दिल पे आए बस!

ख़तम होता जो क़िस्सा बस यहीं, काहे का रोना था,
हुआ बिस्मिल ज़ख़्म ले दिल, क्या तड़पा हाए हाए बस!

कहीं भी जाऊँ लेकिन हर घड़ी ख़तरा लगा रहता,
तड़प इतनी है, सीने से निकल बाहर न आए बस!

यही इनसान है, इसकी हक़ीक़त भी है बस इतनी,
झुका देता है सर अपना, मुसीबत सर पे आए बस!

बर्क़=बिजली, जानिब=तरफ़, मौज़ू=विषय, मुताबिक़=अनुसार, परतौ=प्रकाश, सानी=दूसरा; मुक़ाबले का, कम ज़र्फ़=घटिया, बिस्मिल=घायल

20

बात बिगड़ी है जो, हर आन बदलना होगा।
झूटी तुम में जो है वो शान बदलना होगा।

हो ज़रा घर नया, सामान बदल लेते हैं लोग,
तुमको ख़ुश रहने का उन्वान बदलना होगा।

ठोकरें कितनी भी खा लें नहीं एहसास कोई,
चारागर ने किए एहसान, बदलना होगा।

बातें करना नहीं छोड़ेगी कभी ये दुनिया,
मानी हर बात जो पैमान बदलना होगा!

सीखा कोई न सलीक़ा ही कभी जीने का,
ज़िन्दगी पाई है नादान, बदलना होगा!

एक एहसास बचा क़ीमती सरमाया है,
हाथों से गर ये गया, मान बदलना होगा।

मुद्दतों ठीक रहा दिल भी जिगर के सदक़े,
अब है सीने में जो हैजान, बदलना होगा!

वक़्त गुज़रा है जो तहज़ीब के गलियारों में,
इस नए वक़्त का एलान बदलना होगा।

दिल की बस्ती में तो हंगामे रहे रात तलक,
छाया मातम जो है, अरमान बदलना होगा!

लाख चाहा कि नई पौध रहे शाइस्ता,
पर न मुमकिन हुआ, फ़रमान बदलना होगा!

कोई सीखा न सबक़ इसने कभी माज़ी से,
होने को अब है वो हैवान, बदलना होगा!!

उनवान=शीर्षक, चारागर=चिकित्सक, सरमाया=सम्पत्ति, शाइस्ता=सभ्य

21

ग़म न मौजूद हो, मज़ा क्या है।
क़ैदे उलफ़त रही, सज़ा क्या है।

जी लगाया कि बस ये जी में था,
अच्छा दिल को लगे बुरा क्या है।

जिसने जाना नहीं जुदाई को,
मिलना उसके लिए नया क्या है।

हिज्र दौलत है ख़ूब हासिल है,
डाल खाते में, देखता क्या है!

क़दम तेरे क्यों लड़खड़ाते हैं,
अब बता भी दे, चाहता क्या है।

छेड़ा करते हैं चाँद को तारे,
आ भी जा जान, सोचता क्या है।

टूटते तारे झाँक कर देखें,
बादलों में ये मामला क्या है!

रात की रानी ख़ुश्बू फैलाए,
साँसों में जाने घुल गया क्या है।

पी है जी भरके तेरी आँखों से,
जाना लेकिन नहीं नशा क्या है!

दिल मचल्ता है, सामने हो तुम,
कोई बतलाए अब जज़ा क्या है।

गर न इठलाओ, जानें हम कैसे,
हुस्न वालों की इलतेजा क्या है!

बिखरी ज़ुल्फ़ें हों मेरी बाँहों पर,
इश्क़ की और इनतेहा क्या है?

वस्ल=मिलन, शाना=कांधा, जज़ा=इनाम

22

हर रात अलग है तू बता जाए किसी रात।
तारों से भरी जब हो, तू आ जाए किसी रात।

तक़दीर चमक जाए जिसे देख भी ले तू,
मेरी न क्यों तक़दीर बदल जाए किसी रात?

फूलों में नज़ाकत है, मगर तेरी नहीं दोस्त,
फूलों को भी एहसास ये हो जाए किसी रात।

फ़ुरक़त में पड़ा हूँ तो ये जल्ता है मेरा जिस्म,
शबनम तेरी ज़ुल्फ़ों से बरस जाए किसी रात!

हूँ मुन्तज़र बस एक इशारे का मेरी जान,
शोलों की तपिश दिल में समा जाए किसी रात!

इन दीद से तरसी हुई आँखों पे तरस खा,
जल्वा तू ऐ काश, दिखा जाए किसी रात!

कुछ रौशनी तारों की रहे, चाँद की ज़ौ भी
ऐ नूरेज़मीं तू न क्यों छा जाए किसी रात!

सहता रहे दिल जुल्म तेरा, पर यही चाहे,
आज़ाद सितम से तेरे हो जाए किसी रात।

ज़ुल्फ़ें न परेशाँ रहें रुख़ पर तेरे जानम,
बादल से मेरा चाँद न ढक जाए किसी रात।

है जिस्म जो नूरानी, बिठा पहरा न इस पर,
तारों को भी आराम तो मिल जाए किसी रात!

अब आज के बाद होंगे कभी यूँ न जुदा हम,
हाथों में ले दो हाथ, ये कह जाए किसी रात।

की मिन्नतें जो हैं वो रहें नज़र में वरना,
दिन तेरा न लेकर वो चला जाए किसी रात!

बीमार जो हूँ तेरा, रहे दिल में न हंगाम,
बन मेरा मसीहा तू लिपट जाए किसी रात!

ग़म सारे हों काफ़ूर जो हो जाए ये मुमकिन,
ज़ानू पर रहे सर, कोई मर जाए किसी रात!

फ़ुरक़त=जुदाई, मुन्तज़र=प्रतिक्षा में, रुख़=चेहरा, परेशाँ=बिखरी, नूरानी=रौशनी से भरा, काफ़ूर होना=ख़तम हो जाना, ज़ानू=घुटना

23

गुज़री ये ज़िन्दगी मिरी कब आन के बग़ैर।
कहने को ज़िन्दगी थी मगर जान के बग़ैर।

आँखें खुलें तो नाम से तेरे सुबह उठूँ,
निकली कहाँ शमशीर है मयान के बग़ैर?

बरसों से चाहता था हो अपना भी घर कोई,
मिलता भी कैसे वो नई पहचान के बग़ैर!

चाहा कि मोल अपना मैं पाऊँ जहान में,
आख़िर है ज़िन्दगी ही क्या, सम्मान के बग़ैर।

कुछ नेमतों का बैठे जो करने शुमार हम,
बेक़ीमत नज़र आईं वो सब जान के बग़ैर!

लगती बड़ी है बात मगर क्यों कहूँ न सच,
मौला के दर भी पहुँचा न ईमान के बग़ैर!

ग़ैरत बनी है ढाल नहीं तो कभी के हम,
दाव पे रखी ज़ीस्त थी, गो आन के बग़ैर!

ये मुसतआर ज़िन्दगी हो जाए अब ख़तम,
कर दूँ हवाले ख़ाक के, पर जान के बग़ैर!

रिन्द=शराबी, शुमार=गिनती, ग़ैरत=शर्म, मुसतआर=उधार की

24

हो ख़ामोशी तेरे आने से पहले।
नज़र भर देख लूँ जाने से पहले!

तेरी दो आँखें पूरा मैकदा हैं,
नशा होता है जाम आने से पहले!

निगाहों से कुछ ऐसे देखता है,
समझ लेता हूँ समझाने से पहले!

मिला तुझसे मैं क्या, बदला मुक़द्दर,
था क़तरा दरिया हो जाने से पहले!

है शिद्दत प्यास की, फिरता हूँ दर दर,
पिला दो घूँट, ग़म खाने से पहले!

रहीं शबनम की बूँदें मोती जैसी,
गुलों में वो समा जाने से पहले!

क़फ़स की ज़िन्दगी से दूर रख तू,
सज़ा काटें, सज़ा पाने से पहले!

सिफ़त अँगारे की अपना है लेता,
शरारा शोला बन जाने से पहले!

गुज़ारिश जान या मिन्नत समझ तू,
झलक दिखला दे जाँ जाने से पहले!

मैकदा=शराब ख़ाना,. कफ़स=जेल

25

जुर्म कर बैठे दिल लगा कर हम।
दर्द बतलाएँ किस्से जा कर हम।

जल्वा-ए-हुस्न था, नज़र मुहतात,
जी उठे थे नज़र मिला कर हम।

रस्मी बातों तलक न रह पाए,
रुक न पाए क़दम बढ़ा कर हम।

आप के तौर में न फ़र्क़ आया,
ख़ूब पछताए धोखा खाकर हम।

आपने एक जाना है इनकार,
बैठे उम्मीद हैं लगा कर हम!

बेमुरव्वत हैं आप, हम बेबाक,
जाएँगे आप को मना कर हम।

जान ही लेंगे रात का अहवाल,
जब उठेंगे यूँ मुँह बना कर हम!

ख़्वाब जो भी दिखाए थे जानम,
रह गए पलकों पर सजा कर हम।

थाम कर दिल ज़मीं पे बैठ गए,
क़िस्सा-ए-दर्द यूँ सुना कर हम!

ख़त्म होने को आई हर उम्मीद,
पाएँगे क्या इन्हें जगा कर हम!

तौर=तरीक़ा, अहवाल=हाल

26

तुम्हें ठोकर भी लगती है कलेजा मुँह को आता है।
इलाही कैसा रिश्ता है जो आ पल पल सताता है।

नहीं तुम अजनबी लेकिन मैं रिश्ता जोड़ लूँ कैसे,
रहा कब अपने हाथों में, ज़माना तय कराता है!

नहीं है कोई क़द वाला, गिना जाए जो तुम जैसा,
क़दम है क्या उठाना, कब कोई बतला के जाता है?

हैं जो बेज़ार मेरी इस नई उलफ़त के मौज़ू से,
नहीं मालूम उनको आसमाँ से हुक्म आता है।

उसी के हाथ में है क़ल्ब और उसका बदल देना,
पकड़ कर हाथ, हम सब को, वही रस्ते पे लाता है।

कफ़े-अफ़सोस मलने से हक़ीक़त टल नहीं जाती,
कभी जो राज़ होता था वो खुल कर आगे आता है।

ज़बाँ का देखना है जलवा जितना दुनिया में देखो,
ख़ुदा के घर तो जो अन्दर, वही बस बाहर आता है।

तुम अपनी ज़िन्दगी को इक नया उनवान अब देना,
निछावर जाँ करे तुम पर, हक़ उसका पहले आता है।

तराज़ू आसमाँ का ख़ुद बताएगा वज़न हर का,
कहाँ बेकार बातों से, वज़न कुछ बढ़ता जाता है!

फ़तह तो पैरों में बेशक पड़ी है फिर भी आइन्दा,
रहेगा ख़तरा उस नादाँ से जो अक़्लें लड़ाता है!

बेज़ार=परेशान, क़ल्ब=दिल, कफ़े-अफ़सोस मलना=पछताना, उनवान=शीर्षक; फ़तह=जीत

27

तड़प तेरी न जाने इतना क्यों मजबूर करती है।
सुलग उठते हैं अरमाँ, ख़ुशियों से ये दूर करती है।

बना कर ख़ाका तेरा ऐसा मैं रंगों में खो जाऊँ,
न सुध हो रंग की, पर अक़्ल फिर मजबूर करती है।

बड़ा जी था, न हो ज़्यादा, रहे रंग एक ही दिल का,
करूँ क्या, दुनिया गर दस रंग में मशहूर करती है।

ज़िक्र आता है परियों का कि वो रंगीं नहीं होतीं,
मगर ये सादगी दिल को तो कुछ मग़रूर करती है!

न रह जाए ये ख़ाका बे भरा, रंगों के चक्कर में,
कि चाहत रंगों की तो हुस्न को मजबूर करती है।

न तू जाए ख़्यालों से, न छोड़े आना ख़्वाबों में,
यही उलझन मेरी शायद तुझे मसहूर करती है!!

मसहूर=सम्मोहित

28

दिल करे कुछ, सामने आता है कुछ।
ढालिये साग़र में मै, जाता है कुछ!

हल्की भी हो चाप, धड़के तेज़ दिल,
हो सनम दिल में, नज़र आता है कुछ!

छाई फ़ुर्क़त थी, इसी का ग़म रहा,
मानिए सच, ग़म भी दे जाता है कुछ!

ख़्वाबों में तस्वीरें दिलकश, बेमिसाल,
वा हों आँखें, वक़्त दिखलाता है कुछ!

काटते हैं हिज्र के दिन ले के आस,
वस्ल की शब, दिल को हो जाता है कुछ!

गहरा डूबा यूँ कि मोती आए हाथ,
खोली मुठ्ठी, हाथ आ जाता है कुछ!

बेमुरव्वत हो चले जब आसमाँ,
माँगिये बारिश, वो बरसाता है कुछ!

दिल करें क्यों छोटा, छूटे आस क्यों,
आज ख़ाली, कल वो दे जाता है कुछ!

शौक़ में रब के जो झाँका दिल ज़रा,
रब कहाँ, वाँ तो नज़र आता है कुछ!

मै=शराब, साग़र=प्याला, हिज्र=जुदाई, वस्ल=मिलन, वा=खुला, वाँ=वहाँ

29

अब भी साँसों का मामला क्या है।
ज़ीस्त, जीने को अब रहा क्या है!

ख़त्म होने को आई हर उम्मीद,
पूछें क्या अब भी, सानेहा क्या है!

सब्र कर ले तू ऐ दिले-मुज़तर,
है क्यों बेचैन अब रहा क्या है।

कच्चे धागे से जोड़ रखा था,
टूट वो भी गया, बचा क्या है।

ज़िन्दगी से रहें न क्यों बेज़ार,
ख़ुशियों से इस्का वास्ता क्या है।

चेहरे मौजूद हर तरफ़ कितने,
चेहरे से तेरे कुछ बढ़ा क्या है!

तू नहीं गर तो ज़िन्दगी बेकैफ़,
मौसमों में भी अब रहा क्या है।

सच तो ये है हुज़ूर मेरे लिये,
एक बरसात के सिवा क्या है!

जगह छूटी तो साथ भी छूटा,
ठंडी आहों का फ़ायदा क्या है!

सोचता हर घड़ी ये रहता हूँ,
मेरी क़ुर्बानी का सिला क्या है!

दिल की बातें न जाने जब कोई,
जान भी ले कैसे, माजरा क्या है!

तेरी यादें हैं काफ़ी जीने को,
ग़ैरों का होता आसरा क्या है।

हूँ जुदा तुझसे पर मेरे मुहसिन,
दर से तेरे नहीं मिला क्या है?

ज़ीस्त=जिंदगी, मुज़तर=परेशान, बे कैफ़=बे मज़ा, नाशाद=दुखी, मुहसिन=एहसान करने वाला

30

कोई रिश्ता नहीं चाहा तुम से।
कुछ अनोखा नहीं माँगा तुम से।

मेरी आँखों में बसे रहते हो,
अश्क पैग़ाम है लाया तुम से।

उम्र ज़ालिम ने खड़ी की दीवार,
तोड़ी, फिर दिल ये लगाया तुम से!

जीते क्योंकर हैं भला बिन देखे,
हम ने ये फ़न भी है सीखा तुम से!

उम्र का फ़र्क़ भी मज़मून बना,
करता भी क्या, न जताया तुम से।

जीता भी कैसे मैं यूँ ही तन्हा,
थी मुहब्बत जो ज़्यादा तुम से।

सर झुकेगा मेरा सच के आगे,
है जो मनसूब फ़साना तुम से।

तुम बने जुज़्व मेरे दिल के रहो,
इसके आगे नहीं चाहा तुम से!

इश्क़ में मक्र तो कुछ चलता है,
क्या ज़रूरी था छुपाना तुम से।

देखना तुम को रहा काफ़ी कब,
आगे हाँ इसके भी चाहा तुम से।

आँखों से दिल में उतारा तुमको,
बात दिल की थी कराना तुम से!

आँच आए न कोई, पाक है प्यार,
लेकिन इक बात है कहना तुम से।

सब हैं आज़ार इसी दुनिया के,
हों न अगली में जुदा हाँ तुम से!

फ़न=कला, मज़मून=विषय, मनसूब=जुड़ी, जुज़्व=हिस्सा; मक्र=बहाना; आज़ार=दुख-तकलीफ़

31

बनाते अपनों को हैं ग़ैर कैसे, ये सिखा जाओ।
ये होते मनघड़त से ख़ौफ़ हैं क्या, ये बता जाओ!

समझ पाओ न शायद तुम कभी चाहत की नैरंगी,
समझ लो ख़ुद अगर, कुछ बात मेरी भी बना जाओ!

फ़ितूर उलफ़त को बतलाया, मगर ख़ुद इश्क़ कर बैठे,
मुहब्बत चढ़ के जब सर बोले, कब मुम्किन छुपा जाओ!

बड़ा बचपन से सुन रखा है इश्क़ और मुश्क का क़िस्सा,
अक़्ल को ताक़ पर रख कर, मुहब्बत में समा जाओ।

गुज़ारिश एक है तुम से, न उलफ़त को ग़लत जानो,
मुहब्बत बस इबादत है, ये दुनिया को दिखा जाओ!

यक़ीं कर लो, नहीं लाऊँगा उलफ़त सामने सब के,
सरासर तुम पर छोड़ा है, छुपाओ या बता जाओ!

32

न ताना मार कह कर ज़िन्दगी कैसी गुज़रती है।
क़बा में आकर मेरी देख, फिर कैसी गुज़रती है।

बना तू ग़ैर है जब से, ये रोज़ो शब हैं बेमानी,
सितम उस पर है पूछे जानेमन कैसी गुज़रती है!

गुज़रती तो है उन्की तुझसे वाबिस्ता हुए जो अब,
हमारा क्या, हमारी तो है जैसी भी, गुज़रती है!

कहाँ ले जाऊँ इन महरूमियों को जो हैं दी तूने,
ग़नीमत जानिए फिर भी यहाँ ऐसी गुज़रती है!

कभी हैरत भी होती है, हूँ ज़िन्दा कैसे मैं तुम बिन,
कभी रुकती हैं साँसें भी, मगर फिर भी गुज़रती है!

नया उन्वान है जो ज़ीस्त का, इसमें ताज्जुब क्या,
कभी मुश्किल, कभी ऐसा लगे अच्छी गुज़रती है!

मुबारक हों तुझे आइन्दा आने वाले माहो-साल,
मेरी गुज़रेगी, आशिक़ की यहाँ जैसी गुज़रती है!

क़बा=पहरन, रोज़ो शब=दिन रात

33

मुहब्बत मर्ज़ है गर, कोई आकर हाँ बताए भी।
मरीज़ इसका जो है वो लेटा लेटा मुस्कुराए भी!

ये कैसी आग है जो बेसहारों को जलाए भी,
मुक़द्दर के धनी हैं जो, उन्हें पर ये जिलाए भी!

न हो चिंगारी सीने में, मज़ा भी क्या है जीने का,
हो जितना सोज़ अन्दर, वैसे ही बाहर रुलाए भी!

ये जो है हिज्र का मसला, बड़ा दिलचस्प पहलू है,
ये शौक़-ए-इन्तज़ार उनका मज़ा मीठा दिलाए भी!

कभी बढ़े जो बेचैनी, किधर बैठें कहाँ जाएँ,
लगे हर पल वो आए हैं, कोई जा कर बुलाए भी!

तपिश सीने के हो अन्दर, मगर ठंडक हो आँखों में,
बहुत से ख़्वाब हैं देखे, कुछ पल्कों पर सजाए भी!

गिले-शिक्वे हों, मिन्नत हो, रहे वादों का गुलदस्ता,
जो इक मुँह मोड़ कर बैठे तो फिर दूजा मनाए भी!

नहीं है इश्क़ का सर पैर बस इतना समझ लीजिए,
उजाड़े दिल की बसती भी, कभी आ कर बसाए भी!

हिज्र=जुदाई, तपिश=गर्मी

34

आहिस्ता चलो, मानो भी, नाज़ों की पली हो।
रस्ता है जो आसान तो क्या, तुम तो वही हो!

नाज़ुक सी, लचकती हुई इक डाली की मानिन्द,
झुक जाती हो तुम एक तरफ़, चाहे कहीं हो!

माना कि हो कमउम्र मगर सब को है मालूम,
आ जाओ जो अपनी पे, कोई कम तो नहीं हो!

देखे जो तुम्हें, बाँधे वो तारीफ़ के सौ पुल,
दो बोल सुने क्या, कहे मिसरी की डली हो!

कुछ जिस्म भी, कुछ शक्ल भी, और रंग भी ऐसा,
मुश्किल न हो कहना लगे मरमर की बनी हो!

रुक-रुक के चलो तो लगे हर गाम पे ऐसा,
कुछ ढूँढ़ रही तुम हो जो परदों में ढकी हो!

नादार भी उम्मीद का दामन नहीं छोड़ें,
हक़ लड़ के दिलाए, वही ख़ुश्नाम परी हो!

बैरूनी सिफ़त एक है, अन्दर का हुनर और,
मिल जाएँ जो दोनों, लगे क्या ख़ूब बनी हो!

करना न जिरह अब, कि फ़लक से है ताल्लुक़,
इस धरती की तुम हो कहाँ, क्यों ज़िद पे अड़ी हो!

गाम=क़दम

35

ज़िक्र तेरा जब चला हो, हटना हो दुश्वार क्यों।
करता हूँ तुझ से मुहब्बत कहने में हो आर क्यों।

तू बना मज़मून मेरी शायरी का, दिल का भी,
छाया है जब शायरी में, दिल में हो इनकार क्यों?

मैंने सब कुछ दाँव पर है क्यों लगाया सुन ज़रा,
हक़ पहुँचता इश्क़ का है, दें न हम इक बार क्यों

ऐ नसीमे-सुब्ह तू रहमत बनी सब के लिए,
लेकिन महरूमी है जिस्की, एक है वो ख़ार क्यों।

है ज़बाँ पर क़ुफ़्ल डाला, ज़ुल्म कैसा है तेरा,
सामने जब मैं खड़ा हूँ, फिर न हो इक़रार क्यों?

दिल बुरा होता है तो शिकवे भी आते लब पे हैं,
तू है जब मज़मून उनका, हम न समझें प्यार क्यों?

ख़ूब है मालूम किसका नाम है दिल पर लिखा,
पूछता फिर भी है तू ऐ जानेमन सौ बार क्यों?

जो बने हालात अब हैं, मिलना तेरा है महाल,
फिर भी होती है ये कोशिश रोज़ ही बेकार क्यों ?

इश्क़ ने जानी ग़रज़ कब है, ये है इक बंदगी,
दर पे तेरे क्यों हूँ मैं, पूछे मेरी सरकार क्यों ?

आह निकले दिल से मेरे, अश्क आँखों से उधर,
हाय अब कहता न कोई, लिख रहे अशआर क्यों ?

आर=शर्म, नसीमे सुब्ह=सुबह की हवा, महरूमी=वंचित होना, ख़ार=काँटा, क़ुफ़्ल=ताला, महाल=बेहद मुश्किल, अश्क=आँसू

नज़्म

1

मशरिक़ और मग़रिब

ये झोंका था हवा का या नए वक़्तों की आमद है
चले जब ये हवा देखे कहाँ आँगन या सरहद है!

नई तहज़ीब आई है अलग है सब रिवाजों से
गले ये मिल रही है ख़ूब मग़रिब के इरादों से

वो सिखलाते हैं बूढ़ों की जगह है ख़ास ख़ानों में
नहीं मिलते हैं ये क़िस्मत के मारे सब मकानों में

हमें मशरिक़ बताता है कि जन्नत पाँव में इनके
यहाँ के 'मतलबी' बच्चे हैं कोशाँ स्वर्ग के पीछे!

बुजुर्गों को ग़नीमत जान कर वो करते हैं सेवा
पता है रब जो राज़ी होगा मिलना है इन्हें मेवा

ग़र्ज़ मौजूद है पर फ़र्क़ है मग़रिब का, मशरिक़ का
वहाँ है वक़्त की बर्बादी, याँ अवसर कमाई का

वहाँ जो बन चुके हैं बोझ, अपने घर की ज़ीनत हैं
दोबारा मिल न पाएँगे वो फिर, वो बेश क़ीमत हैं

वहाँ की सोच है, जी ले वो ही जिसमें कि ताक़त है
हमारी सोच में कमज़ोर का कुछ ज़्यादा ही हक़ है

यहाँ है मर्तबा बढ़ता बुज़ुर्गों की इनायत से
वहाँ बूढ़े बेचारे जी रहे 'उनकी' इनायत से

मुक़ाबिल में हैं तहज़ीबें हुआ इनमें तसादुम है
बहुत जल्दी पता होगा, है बेहतर कौन, कौन कम है!

आमद=आना, मग़रिब=पश्चिम, मशरिक़=पूर्व, ख़ास ख़ानों=वृद्धाश्रम, कोशाँ=कोशिश में लगे, ग़रज़=जरूरत; मतलब, ज़ीनत=सजावट, बेश क़ीमत=अमूल्य, इनायत=मेहरबानी, मुक़ाबिल=आमने सामने, तसादुम=संघर्ष

2
आज़ादी का हक़

ये सच है अब आज़ाद हैं हम
मिट्टी से सुगंध ये आती है
ऐ जान से प्यारे हमवतनो
अभी काम बहुत कुछ बाक़ी है

आज़ादी पहली मंज़िल थी
था हौसला, सब ने साथ दिया
काँटों से भरे इन रस्तों को
ज़ख़्मी पैरों से पार किया
आगे देखा महबूबे-नज़र
बैठा वो हमारा साक़ी है
ऐ जान से प्यारे हमवतनो
अभी काम बहुत कुछ बाक़ी है

ये देश बना क़ुर्बानी से
जानें क़ुर्बान हुईं कितनी
आँखों में मुल्क का नक़्शा था
परवाह उन्हें कब थी अपनी
तख़्तों पर भी जब खड़े हुए
फूली देखा हर छाती है

ऐ जान से प्यारे हम वतनो
अभी काम बहुत कुछ बाक़ी है

जब ढोल-नगाड़े बजते थे
हम जूझते थे बन्द कमरों में
मंसूबों पर मंसूबे थे
गाँव के वो हों या शहरों में
हम थके नहीं बढ़ते ही चले
के आगे हमारा साथी है
ऐ जान से प्यारे हम वतनो
अभी काम बहुत कुछ बाक़ी है

ये देश बना इक गुलदस्ता
बदनाम न होने देंगे इसे
मज़हब के नाम पे बाँटने का
जो काम करे बस रोको उसे
गर शुरू हुई ख़ानाजंगी
फिर काहे की आज़ादी है
ऐ जान से प्यारे हमवतनो
अभी काम बहुत कुछ बाक़ी है

है मुल्क बड़ा तो मसले हैं
हल होने हैं, हल होंगे भी
दिल हारना शोभा देता नहीं
आए चाहे सौ मुश्किल भी
बस खोट नहीं हो नीयत में
ये हुआ तो फिर बर्बादी है
ऐ जान से प्यारे हम वतनो
अभी काम बहुत कुछ बाक़ी है

बस एक गुज़ारिश है तुम से
जब क़दम उठें हर क़ौम हो साथ
भूलें मज़हब और जाति को
हो दिल में देश, हाथों में हाथ
तब पता चले इस दुनिया को
यहाँ अब भी नेहरू गांधी है
ऐ जान से प्यारे हमवतनो
अभी काम बहुत कुछ बाक़ी है

हमवतन=साथी देशवासी, मंसूबे=योजनाएँ, मसले=समस्याएँ

3
किसी के रंग के बचाव में ?

ताँबे का रंग सोने से प्यारा लगे मुझे
कोई बताए क्यों भला ऐसा लगे मुझे

कुछ बात तो है ताँबे में सोने में जो नहीं
चमकाइये, पवित्र-सा निखरा लगे मुझे

सोने के बर्तनों में तो खाना भी है ज़हर
ताँबे में सादा जल भी हो, अमृत लगे मुझे

सामान से भरा हो घर, वो घर ही कब रहा
घर ख़ाली कुछ रहे तो ही घर सा लगे मुझे

रंगत जो गोरी हो तो रहें दस मुसीबतें
ताँबे का रंग एक सा हर दम लगे मुझे

डालें निगाह, हर तरफ़ सोने की धूम है
देखूँ तुझे तो ताँबा ही सोना लगे मुझे!

सोना, प्लेटिनम हो, या और कुछ हुज़ूर
ताँबे का है कलश, वही अच्छा लगे मुझे

किस के बचाव में हैं ये बातें बताइए
कम रंग होगा हाँ ज़रा, ऐसा लगे मुझे!

बेकार झगड़ा मोल है सोने से ले लिया
सोना सा चेहरा जाने क्यों ताँबा लगे मुझे!

उलफ़त का है जो रंग, ये ताँबा बना सोना
वरना तो कहने वाला दीवाना लगे मुझे!

4
एक बिन माँगी सलाह

तू नज़रों से जो गिरता जा रहा है
ख़िज़ाँ रिश्तों की सर पर आ गई क्या ?

ये तेरी आशनाई का यूँ बढ़ना
हुआ तक़दीर से है ख़ौफ़ अब क्या ?

बहुत सुन रखी थीं पहले भी बातें
जो ख़ुद देखा यक़ीं आता नहीं क्या ?

मैं आज़ादी के हक़ में हूँ मगर अब
तुझे यूँ देख, सोच आए न फिर क्या ?

बहुत भरते हैं दम बस दोस्ती का
नहीं तब दिखता है ख़तरे हैं क्या क्या

नया है वक़्त, हैं ये सुहबतें भी
पता कुछ है नहीं, आगे है क्या क्या

नज़र आता नहीं हों पास ज़्यादा
बढ़े दूरी तो सब दिखता नहीं क्या ?

गुज़ारिश है यही, दूरी बढ़ाओ
नज़र आ जाएगा है कौन, और क्या

मुझे मालूम है बातें हैं कड़वी
मगर हूँ तेरा ना, मैं भी करूँ क्या?

छुपा लूँ रेत में कैसे मैं सर को
कहूँ फिर, तूफ़ाँ भी गुज़रा है अब क्या?

पुराना दोस्त हूँ, इतना बता दे
बिखरता देख तुझको, चुप रहूँ क्या?

ख़िज़ाँ=पतझड़, आशनाई=जान पहचान

5

एक गुज़ारिश

शिकस्ता हूँ मगर दौलत भी है हासिल हुई हमको
गुज़ारे साथ हैं जो पल, क़दर होगी नहीं किस को
बने सरमाया हैं वो ज़िन्दगी का, प्यार से रखना
ख़ुदारा यादें मत लेना

यही यादें हैं ले जाएँगी हमको आख़री दम तक
न कोई हमसफ़र होगा न जाएगा कोई घर तक
ये घर एहसास का होगा, मेरा एहसास मत लेना
ख़ुदारा यादें मत लेना

है खेली प्यार की बाज़ी, न जीता मैं न तुम हारी
लगाएगी ये दुनिया अपनी ताक़त से ज़रब कारी
ये तय है ज़ख़्म माँगेगा कोई मरहम, लगा देना
ख़ुदारा यादें मत लेना

मिले हम इत्तफ़ाक़न थे मगर राहें लगीं यकसाँ
कभी दुशवारियाँ अपनी, कभी मंज़िल रही पिनहाँ
ये होता रहता है अकसर, जो रूठे दिल, मना लेना
ख़ुदारा यादें मत लेना

ये हाथों की लकीरें बाज़ आएँगी कहाँ दिलबर
इन्हें तो बैर है हम से, मेहरबाँ हों रक़ीबों पर
रहेगा खेल क़िस्मत का, इसे है खेल में लेना
ख़ुदारा यादें मत लेना

मुझे है ये यक़ीं पाओगे तुम अपनी नई मंज़िल
मैं तड़पूँ या करूँ गिरया, नहीं होगा कोई हासिल
हटा कर मुझको रस्ते से, क़दम आगे बढ़ा लेना
ख़ुदारा यादें मत लेना

सरमाया=सम्पत्ति, ज़रब कारी=निर्णायक कदम, यकसाँ=एक जैसा, पिन्हाँ=छुपी हुई

6
चुनाव के नतीजे के बाद

तुमने रोके क़दम किसी के हैं
तुम को झुक कर सलाम करता हूँ
नाज़ तुम पर वतन को है जितना
आज उसका एलान करता हूँ

सुनता था सर ग़ुरूर का नीचा
तुमने सच करके ये दिखाया है
जो भटकते हैं रास्ता चलते
राह उनको सही सुझाया है

सामने सीधी बात रख दी है
देशभक्ति तुम्हारा ठेका नहीं
ज़ात मज़हब बने नहीं बुनियाद
बढ़ के इस्से कोई है धोखा नहीं

कहते अनपढ़ गँवार हैं इनको
नाम लेते हैं जैसे हो गाली
कर गए हैं मगर ये कुछ ऐसा
हो न तारीफ़ से ज़बाँ ख़ाली

बस दुआ है कि आँख खुल जाए
मुल्क सब का है, बात को समझें
फिर हुकूमत करें मना कब है
कोई कुछ भी हो मूर्ख ना समझें!

चढ़ गया हो उतर भी जाता है
नशा कोई, दायमी नहीं होता
होश आ जाए वक़्त रहते गर
इतना नुक़्सान फिर नहीं होता

वक़्त आया है बैठ कर सोचो
एक सूबे ने रौशनी दी है
तब्क़ा हर ख़ुश तो है सब ठीक
वरना देश से अपने दुश्मनी की है!

ऐलान=घोषणा, दायमी=स्थायी, सूबे=प्रांत, तबक़ा हर=सभी वर्ग

7
नई हुकूमत

नया लिबास, नई शान, कुछ नई हलचल
ग़रीब आस लगाए दो ज़ानू बैठे हैं

तमाम रात तमाशों की रील चलती रही
नई सुबह की वो तक़दीर लिखने बैठे हैं

नई नई सी है हर चीज़ है नया अन्दाज़
अभी वो सजने, मकाँ को सजाने बैठे हैं

है जश्न इसका के इसमें नया नया है सब
ग़रीब बर्तनों का क़द बढ़ाए बैठे हैं

मिला था दर से हुकूमत के पहले भी लेकिन
'अब और बात है', कहते हैं लोग, बैठे हैं

बनी है मुफ़लिसी अब इनकी दूसरी आदत
न हाथ लम्बे हुए, सोगवार बैठे हैं

जो होते लम्बे तो कुछ दूर से भी ले आते
इसी मलाल में ये कितनी बार बैठे हैं

ग़रीब बदली हुकूमत से ख़ुश नहीं होता
ख़ुशी को ऐसी तो बाक़ी हज़ार बैठे हैं

तलब है उसको मिले अब से रोज़ रोटी चार
अगर मिली तो फिर हम बाग़ बाग़ बैठे हैं

8
मासूम तमन्ना

तारों से घर रौशन होता
बादल का इक बिस्तर होता

ठंडी हवाएँ पंखा करतीं
चाँद मेरे पहलू में होता

प्यार के जितने रंग हुए हैं
उनका एक नज़ारा होता

मैं डूबा जिस गहराई में
उस्का ये इक मज़हर होता

तारे खेलते लुक्का चोरी
चाँद भी इसमें शामिल होता

शबनम आती वुज़ू कराने
पाकी का इक मंज़र होता

आँगन आँगन छज्जे छज्जे
चाँद भी चुग़ली करता होता

झींगुर की मौसीक़ी होती
जुगनू नाचता गाता होता

हरसिंघार के फूल जो गिरते
सेज सजाया बिस्तर होता

सोता मैं बस आँखें खोले
आँखों में कुल अंबर होता

एक ज़रा भी शोर न कोई
माह का नाम नवम्बर होता

काश के रहता हर दम ऐसा
उन से मिलना अकसर होता

मिलते रहते बरसों सदियों
इसका अन्त कभी ना होता

मज़हर=व्यक्त, वुज़ू=नमाज़ से पहले सफाई, मंज़र=दृश्य

9
बेचैन इन्तज़ार

उनके आने की जो ख़बर आए
कैफ़ियत दिल पे एक छा जाए

चलके जाऊँ कभी दरीचे तक
झाँक के देखूँ शायद वो आए

एक बेचैनी सी उठे दिल में
कोई जल्दी सन्देशा ले आए

शीशा देखे जो मेरी हालत को
दिल ये धक से करे अरे हाए

पाँव उठने लगें बिना सोचे
बायाँ उठे के दाहिना जाए

ध्यान पूरा रहे हर आहट पर
कोई ठक ठक न दरपे हो जाए

ज़ुल्फ़ों को यूँ करूँ कभी आगे
फिर करूँ पीछे, शायद यूँ आए

हाय परफ़्यूम गर कभी चाहूँ
वो नहीं, बाक़ी सारी ऊपर आए!

वहम जाने कहाँ से घर करले
मेरे विश्वास पर भी आँच आए

सोचूँ जब भी, बुरा ही मैं सोचूँ
हालत-ए ज़ार कौन बतलाए

सूजी आँखें भी बस करें चुग़ली
मैं करूँ भी क्या, इतना रोना आए

ख़ौफ़ हर वक़्त बस रहे दिल का
ये किसी दिन बला न ले आए

ऐसी हालत कभी न थी पहले
अब हुई है तो दिल ये घबराए

बैठूँ बेचैन, फिर खड़ी हो जाऊँ
जाने क्या आँखों में समा जाए

काश आ जाएँ वो समय रहते
ऐसा ना हो बुलावा आ जाए!

कैफ़ियत=असर, हालत

10

दिल से सवाल

मैं दिल से पूछता हूँ
चैन आएगा कभी तुझको
वो हँस देता है कुछ ऐसे
कि जैसे कुछ हुआ न हो

'अगर हूँ चैन में मैं
इश्क़ खो देगा चुभन अपनी
हूँ गर आराम में मैं
हुस्न भूलेगा जलन अपनी

मैं दिल हूँ, कोई रस्ता हूँ नहीं
बस आने जाने का
धड़कता हूँ तो देता हूँ
नई इक ज़िन्दगी सबको
हसीना हो कि आशिक़ हो
बराबर सब रहें मुझको!'

'जो छोड़ा सब ने है मुझपर
दुआ क्यों कर भला कर दूँ
किसी से भी ज़रा पूछो
बताए जान मैं तो हूँ

मैं राज़ी हूँ तो रब राज़ी
परेशानी मगर ये है
नहीं फ़ुर्सत कभी मुझको
जो ख़िलवत छोड़ आऊँ भी
मिले महफ़िल भरी मुझको
वहाँ जल्ता रहा तनहा
यहाँ गरमाऊँ महफ़िल को'

यही है ज़िन्दगी हाँ बस
मिले हैं काम इसको दस
नहीं है चैन क़िस्मत में
अमीरी में कि ग़ुरबत में
हो सीना शाह का तो काम
गदा हो तो नहीं आराम

मैं चुप हो जाता हूँ, लेता हूँ
वापस निकले लफ़्ज़ों को
नहीं करता सवाल उस्से
हुआ मालूम है जब से
नहीं इसका मुक़ाबिल कोई
नहीं मशग़ूल इससे कोई

हवाले सब है उसकी शान में
जो डाले जान हर बेजान में!

11
दर्द की आवाज़

उड़ती देश में गर्द नहीं है?
तुम्हें ज़रा भी दर्द नहीं है?

देश है अपना, मानते हो ना?
दुख जितने हैं जानते हो ना?
पेड़ है एक पर डालें बहुत हैं
डालों पर टेहनियाँ बहुत हैं
पत्ते हैं रोज़ाना उगते
पीले लेकिन गिरते रहते
तुम हो माली नज़र कहाँ है
चमन की सोचो, ध्यान कहाँ है

क्या तुमसे हर फ़र्द नहीं है
तुम्हें ज़रा भी दर्द नहीं है

चुना तुम्हें है, कहेंगे किस्से
देश दिखे जब हिस्से हिस्से
लोग परेशाँ, आग ज़नी है
और विचारों में भी ठनी है
नज़रें चुरा कर यूँ ना बैठो

आगे आकर चक्र तो फेंको
तुम चुप हो, सब बोल रहे हैं
पंख वो अपने तोल रहे हैं

कहे न कोई मर्द नहीं है
तुम्हें ज़रा भी दर्द नहीं है

बड़े भाई हो सबक़ तो सीखो
चारों ओर हैं छोटे देखो
लड़ लड़ कर बर्बाद हैं सारे
काटना मारना धर्म बना रे
वहाँ मस्जिदों में बम फटते
धर्म है एक, वो फिर भी लड़ते
चले थे फ़ख़्र से सर ऊँचा था
गढ़े थे हायल, कब देखा था
आज हुए क्या देख रहे हो
चक्कर गिद्ध के देख रहे हो

अरे क्यों चेहरा ज़र्द नहीं है
तुम्हें ज़रा भी दर्द नहीं है

होश में आओ वक़्त अभी है
रहबर हो और समय यही है
जीत, चुनाव, फ़िक्र सही है
पर हो क्या गर देश नहीं है
दूर देखना जुर्म कहाँ है
सीखने में कोई शर्म कहाँ है
बड़े हो गर तो बन के दिखाओ
कहाँ है शफ़क़त, ले कर आओ

धर्म कभी बेदर्द नहीं है
तुम्हें ज़रा भी दर्द नहीं है

आज नहीं तो कल समझोगे
लुट जाओगे तब समझोगे
प्यार से बढ़ कर अस्त्र नहीं कुछ
घटिया झूठ से वस्त्र नहीं कुछ
बोया जो है वही काटोगे
फिर उनके तलवे चाटोगे
हाथों में कश्कोल रहेंगे
गले में अपने ढोल रहेंगे
फिर सर ऊँचा करते रहना
बन जाना फिर देश का गहना

जागो, हवा अभी सर्द नहीं है
तुम्हें ज़रा भी दर्द नहीं है?

फर्द=व्यक्ति, फ़ख़्र=अभिमान, हायल=बीच में, ज़र्द=पीला, रहबर=नेता, शफ़क़त=प्यार, कश्कोल=भीख के कटोरे

12
पेशावर का दर्द

पत्थरों की माँग कुछ बढ़ने लगी है
दिल बनाने के ये काम आने लगे हैं
हादसे कुछ बेअसर से हो चले अब
कोह सीनों में समाने जो लगे हैं!

दायरा इन पत्थरों का बढ़ गया है
कानों पर भी जैसे क़ब्ज़ा हो गया है
चींख़ें बच्चों की रहें कानों से बाहर
ज़ुल्म का कैसा नशा ये चढ़ गया है

बेक़ुसूरों का नमूना सामने है
मकतब का मक़्तल बनाना सामने है
अक़्ल है हैरान, दिल है रेज़ा रेज़ा
क़त्ल, ग़ारत, बर्बरीयत सामने है

कहते हैं इस्लाम ही मज़हब है इनका
कैसे हम कह दें वही काबा है इनका
हाथ पाँव ख़ूँ में जिनके यूँ रँगे हों
है नहीं मुमकिन मेरा रब हो भी उनका

सुनते होगे चींखें ये ताज़िन्दगी तुम
बैठ पाओगे न इक पल चैन से तुम
हो गए हैं तिफ़्ल क़ुर्बां यूँ नहीं अब
होंगीं ऊपर रूहें और नीचे दबे तुम!

कोह=पहाड़, दायरा=वृत्त, मकतब=स्कूल, मक़तल=कत्लगाह, रेज़ा रेज़ा=टुकड़ा-टुकड़ा, बर्बरीयत=वर्वरता, तिफ़्ल=बच्चे

13
मेट्रो शहर की एक आम लड़की

कान पक जाते हैं दुनिया की शिकायत सुनकर
किसने जाना है तुम्हें किसका यक़ीं कर लूँ मैं
वो जो कहते हैं के तुम आम सी लड़की हो जिसे
फ़िक्र अपनी है किसी और से मतलब ही नहीं

अपनी रोज़ाना की रूटीन में जकड़ी जकड़ी
वोही मेट्रो की सवारी वोही आपाधापी
तिल न धरने की जगह फिर भी पहुँचना है जिसे
अपनी हर चीज़ सँभाले हुए रहना है जिसे

कौन आया है पसोपेश समझने के लिए
कौन आएगा ये तस्वीर बदलने के लिए
कितना आसान है इल्ज़ामों से छलनी करना
कितना आसान है दो बातों से ज़ख़्मी करना

ऐसे हालात से लड़कर जिसे कुछ बनना है
पूरे करने हैं कई ख़्वाब कुछ तमन्ना है
उसके पैरों की ये ज़ंजीर हटानी होगी
नस्ले हव्वा की ये तस्वीर मिटानी होगी

तुम से रौशन है हर इक घर मगर ऐसा क्यों है
तुम तड़पती हो तो ये जग मेरा हँसता क्यों है
बैरी दुनिया ने तुम्हें ठीक से परखा ही नहीं
मेरी आँखों से किसी ने तुम्हें देखा ही नहीं।

14
कुछ यादें

ज़मीं काग़ज़ की बन जाए समुन्दर रौशनाई का
बयाँ करना हो गर क़िस्सा सनम की बेवफ़ाई का
अधूरी ही रहेगी ये कहानी!

मिले कुछ दोस्त ऐसे, साथ जो मिल रो भी लेते हैं
दिखावे के धनी सारे, बहुत कुछ धो भी लेते हैं
अधूरी ही रहेगी ये कहानी!

चलूँ पुरख़ार रस्ते पर, न पर्वा कुछ, न कोई डर
मगर मंज़िल मिले कैसे, बने रहज़न हों गर रहबर
अधूरी ही रहेगी ये कहानी!

ये बीते साल चालीस जो, रहे खोए किताबों में
न तन की सुध, न मन अपना, जलाई शम्मा रातों में
अधूरी ही रहेगी ये कहानी!

मिले कुछ दोस्त ऐसे भी, जो थे रिश्तों से भी ऊपर
करम फ़रमा रहे हम पर, है आता ज़िक्र भी अकसर
अधूरी ही रहेगी ये कहानी!

है अब वो उम्र का हिस्सा जो हर को ख़ौफ़ में डाले
ख़ुदी पर भी न आँच आए, न पीरी बोझ कुछ डाले
अधूरी ही रहेगी ये कहानी!

बहुत है बोझ काँधों पर, हमारे रहनुमा जो हैं
मिली कुर्सी, गए वादे, निकल आए, असल जो हैं
अधूरी ही रहेगी ये कहानी!

नई तहज़ीब कहती है लपक लो सामने जो है
नहीं इसमें बुराई कुछ यही क़ानूने-फ़ितरत है
अधूरी ही रहेगी ये कहानी!

मगर मौला की मंशा है, मिले जो, हम उसे बाँटें
न हो नादार बेबस कोई, न ऐसे ज़िन्दगी काटें
अधूरी ही रहेगी ये कहानी!

गुनाहों से न की तौबा, कोई नेकी न हाथ आई
रहे दूर अच्छी बातों से, अगर अच्छी कभी आई
अधूरी ही रहेगी ये कहानी!

सफ़र लम्बा मुहब्बत का यहाँ पुरख़ार रस्ते भी
किसी ने तंग की राहें, बने कुछ दोस्त दुश्मन भी
अधूरी ही रहेगी ये कहानी!

वफ़ा और बेवफ़ाई का ये अफ़साना क़दीमी है
हैं जो इस हाल में भी हम, ये बस उसकी रहीमी है
अधूरी ही रहेगी ये कहानी!

पुरख़ार=काँटों से भरा, रहज़न=लुटेरे, करम फ़रमा=मेहरबान लोग, ख़ुदी=आत्म-सम्मान, पीरी=बुढ़ापा, क़ानूने फ़ितरत=प्राकृतिक नियम, नादार=दीन-हीन, क़दीमी=पुराना

15
हज के मौक़े पर

वक़्त अब कम हो रहा है, होंगे तेरे सामने
घर तेरा होगा मुक़ाबिल, लग़ज़िशें भी सामने

काँप उठता हूँ दिखाई देता है जब ढेर ये
इक गुनाहों का है अब अंबार मेरे सामने

पेशी को दस दिन बचे हैं, कैसे तैयारी करूँ
कुछ नहीं पोशीदा होगा, आएगा सब सामने

आईने में शक्ल देखी, देखा फिर दरबार को
चींटी था, बे पर का वो भी, मैं ख़ुदा के सामने

वैसे है वो हर जगह, लेकिन बना इक घर भी है
काले कपड़ों से ढका वो घर भी है अब सामने!

बुत पे बुत टूटे यहाँ, और तेरी वहदत जम गई
थे जो आज़र के ख़ुदा, वो भी टिके कब सामने

झेल पाए जिस तजल्ली को न मूसा भी कभी
उस ख़ुदा का घर रहेगा, आँखों के बस सामने

प्यार तेरा बंदों से कितना है कोई देख ले
तू बदलता होगा नेकी से बदी को, सामने

देख लेगी तब ये दुनिया क्यों है तू परवरदिगार
खुल के आ जाएगी अज़मत तेरी सब के सामने

लेते होंगे सात फेरे लाखों की तादाद में
कफ़न के कपड़ों में होंगे सब, ख़ुदा के सामने!

मुक़ाबिल=सामने, लग़ज़िशें=भूल; पोशीदा=छुपा, वहदत=अकेला; कोई शरीक नहीं, आज़र=इब्राहीम के पिता जो बुत बनाते थे (बाद में इन्हीं बुतों को पैग़म्बर होने के बाद इब्राहीम ने तोड़ा, ख़ुदा की वहदानियत साबित करने के लिये, इसी ख़ानाए काबा में, यानी ख़ुदा के घर में), तजल्ली=दर्शन (मूसा ने ख़ुदा से एक झलक दिखाने की आरज़ू की थी और ज़रा सी रौशनी झेल नहीं पाए, बेहोश हो कर गिर पड़े, तूर के पहाड़ पर!), अज़मत=बड़ाई

16

ख़िराजे अक़ीदत

अज़मत में है कलाम किसे तेरे ऐ कलाम
तूने किया वही जो कहा, तुझ को है सलाम

वक़्त आख़री था पर न रुकी तेरी जुस्तजू
बेड़ा था जो उठाया उसे दे दिया अंजाम

अब आज तालिब इल्म बहुत सोगवार हैं
पर इक सबक़ अमल का दिया तूने है कलाम

हुब्बे वतनी है यही, निचले न बैठें हम
दम आख़री हो, करते रहें जो लिया है काम

ये प्यार भी है तुम से, अक़ीदत भी है यही
ए पी जे नाम था बड़ा, उससे बड़ा था काम

जिस सादगी से तुमने गुज़ारी थी ज़िन्दगी
वो है मिसाल तुम को मेरा आख़री सलाम!

बैठे जो कुर्सियों पे हैं शायद समझ न पाएँ
गर प्यार को दें नाम, वो होगा अब्दुल कलाम!

ख़िराजे अक़ीदत=श्रद्धांजलि, अज़मत=महानता, कलाम=एतराज़, तालिब इल्म=छात्र, अमल=प्रयास, कर्म, हुब्बे वतनी=देशभक्ति, अक़ीदत=सामान

17
किसी 'ख़ास' का मदद से इन्कार

कैसा हो जिसके वास्ते करने का जी करे
वो आप से हो दूर, वो परवाह न कुछ करे

कैसे बताऊँ उसको अपने दिल का दर्द मैं
हो उसके दिल में भी कुछ ऐसा ख़ुदा करे

मैं जानता हूँ तुमको मदद से है कुछ परहेज़
पर क्या करूँ जो मेरा भी करने का जी करे

पहलू हर एक बात के होते हैं जाँ कई
लेना कहे दुनिया, कोई देना कहा करे

तोहफ़ा क़ुबूल कर के ख़ुशी दे रहे हो तुम
इतना समझ में आए तो लेने का दिल करे

तुम से हैं ये उसूल, उसूलों से तुम नहीं
ऐसा भी क्या, किया वही, अपना जो दिल करे

कहता है कौन दिल की हिफ़ाज़त करे न अक़्ल
लेकिन न इस की आड़ में ज़ालिम सितम करे!

इनकार करते हो तो रहे इसका भी ख़्याल
टूटे न दिल किसी का, ये क्या ना पे ना करे

लानत लगे ये सब मुझे जो है हमारे पास
जो सब से प्यारा है मुझे, वो ख़ुद मना करे!

पिघलेगी बर्फ़ तो कभी, खाएँगे वो तरस
आए कुछ उनके दिल में भी ऐसा, ख़ुदा करे!

18
क़ुर्बत की असलियत

अब जो क़रीब हैं तो हुई गुफ़्तगू भी ख़त्म
पहले जो दूर थे तो रहे हमकलाम हम

हम जानते हैं ज़िन्दगी का है यही मिज़ाज
जितनी ये दूरियाँ बढ़ें पास उतने आएँ हम

जब चुप रहे तो देखा किये एकटक तुम्हें
जब बोलने लगे तो नहीं देख पाए हम

समझा है क्या जो मुझको सताते हो इस तरह
क्या तुम हो शोलों के बने और मोम के हैं हम?

करवट पे है नज़र ये ज़माना किधर चले
जिस सिम्त काबा तय हुआ सज्दा करेंगे हम

हालात बदलें इक तरफ़ तक़दीर कुछ कहे
ऐसा कभी लगे कि बने पत्थरों के हम

अब या तो दूर होने की कोई मुहिम चलाएँ
या इतने पास आएँ के फिर हों जुदा न हम!

हमकलाम=एक दूसरे से बात, सिम्त=दिशा, मुहिम=अभियान

19

आज का सच

कहीं पुरज़ोर दावे, काम साकित
कभी हाँ काम बोलें, नाम साकित

भरी दुनिया है जैसे ढोंगियों से
क़दम उठते हैं लेकिन चाल साकित

तमाशा बाम पर आया है देखो
हज़ार एलान हैं, आमाल साकित

हमारे हुक्मराँ गूँगे और बहरे
ज़रूरी देखना हो, चश्म साकित!

कोई मंज़र न इनको तिलमिलाए
दिखावे सौ मगर एहसास साकित

वो लच्छेदार बातें, लम्बे वादे
जो हो वक़्ते-अमल, परवाज़ साकित

गड़ी अंजाम पर नज़रें हों सबकी
रहे अंजाम क्या, आग़ाज़ साकित!

गवारा हर तरह की लग़ज़िशें हैं
न हो पर हाँ, ख़ुदा का नाम साकित!

साकित=ठहरा हुआ; आमाल=कर्म, चश्म=आँख, हुक्मराँ=शासक, मंज़र=दृश्य, परवाज़=उड़ान, आग़ाज़=शुरुआत, गवारा=स्वीकार, लग़ज़िश=भूल

20

एक दुआ

मैं हूँ नाबीना ऐ रब रौशनी दे
रहे जो देरपा तू वो ख़ुशी दे

जहाँ के दर्द बाँटूँ ताउम्र मैं
रहूँ हमदर्द, ऐसी ज़िन्दगी दे

बसर सजदे में हो ये उम्र मेरी
रहे दर तेरा हाँ वो आशिक़ी दे

बहुत दुनिया है दी तूने ख़ुदाया
ज़रा अब आख़रत की बेकली दे

यही दुनिया है मर्कज़ इम्तेहाँ का
जो हल हो जाए पर्चा बस वही दे

रहा हूँ नातवाँ हर तौर से मैं
इरादों में मेरे अज़्म आहनी दे

बता रखा है तू ने क्या है करना
अमल में तू मेरे इक ख़ुशदिली दे

करेंगे हर जतन, मानेंगे तेरी
ज़रा दीदार की भी गुदगुदी दे

तेरी मर्ज़ी तू पर्चा कोई भी दे
नहीं अब कामयाबी आरज़ी दे

मैं सायल हूँ, पड़ा हूँ दरपे तेरे
ख़ुशी दे और वो भी दायमी दे!

नाबीना=जिसे दिखाई न दे, देरपा=देर तक रहने वाली, आख़रत=मौत के बाद वाली दुनिया, मर्कज़=केन्द्र, अज़्म आहनी=दृढ़ संकल्प, दीदार=दिख जाना (ऐसा मानना है कि अच्छे अमल किये हों और ख़ुदा राज़ी हो तो वो अपनी झलक दिखाएगा), आरज़ी=अस्थायी, सायल=भिखारी, दायमी=स्थायी

21
किसी ख़ास के लिए

तुम्हारी क्या सिफ़त है दूसरों से क्यूँ अलग इतनी
जहाँ फैलाते हैं सब हाथ, तुम इनकार करती हो

फ़क़ीरी किसने बख़्शी है, ग़ेना है कितना सीने में
मुझे तुम अगले वक़्तों की भली तस्वीर लगती हो

जहाँ फ़रमाइशों की बीसियों फ़ेहरिस्त बनती हैं
वहाँ तुम सिम्टी सिम्टी अपनी ही सीमा में रहती हो

ये दुनिया है मगर दुनिया की बातों से अलग हो तुम
भला अन्दाज़ है कितना, 'नहीं' अच्छे से कहती हो

किसी का दिल न टूटे और तुम पर भी न आए आँच
निराला है जो कुछ अन्दाज़ सब के दिल में रहती हो

बहुत चाहा तुम्हें कुछ दूँ, न जाने कितनी मिन्नत की
मगर है सब तुम्हारे पास, तुम हँस हँस के कहती हो

ग़रीबों से ताल्लुक, ग़मगुसारी चैन दे तुम्को
जो पोंछे आँसू हैं उनके, दुआओं में तुम रहती हो

हज़ारों रूहें ढूँढें बसने को इक जिस्म तुम जैसा
मगर तुम एक हो, ख़ुद्दार हो, सरहद में रहती हो

दुआएँ ही निकलती हैं, जहाँ भी हो रहो तुम ख़ुश
फ़रिश्तों की सिफ़त ले कर हमारे बीच रहती हो

नहीं मुम्किन कोई मिल जाए तुम जैसा हसीनों में
परी तुम आसमानी हो के भी धरती पे सजती हो!

सिफ़त=गुण, ग़ेना=संतोष, फ़ेहरिस्त=सूची, ग़मगुसारी=दुख बाँटना, ख़ुददार=स्वाभिमानी

22
हैरत अंगेज़ हुकमराँ

लिबासे-इंसाँ में आया, कमाल है तेरा
चढ़ाई हाँडी सितम की, कमाल है तेरा

अमन से दुश्मनी तेरी रही है देरीना
फ़साद दिल में रहा है, कमाल है तेरा!

लगे ख़राश भी, दुख दर्द आए चेहरे पर
तेरी लुग़त में कहाँ दुख, कमाल है तेरा

बसाता बस्तियाँ ईश्वर है अपने हाथों से
उजाड़ने में तू माहिर, कमाल है तेरा

बिलकते बच्चे का चेहरा करे हमें बेचैन
शिकन न माथे पर तेरी, कमाल है तेरा

जहाँ न चूल्हा जले, भूख ही मुक़द्दर हो
वहाँ भी आग लगा दे, कमाल है तेरा!

ये सुर्ख़ सड़कें, ये नाले, ये भीगे चौराहे
हुई है ख़ून की बारिश, कमाल है तेरा

तमाम आहो-बका, चीख़ें, चीरती आवाज़
मगर तू नींद में डूबा, कमाल है तेरा!

अगर हिलाता ज़बाँ कितने ज़िन्दगी पाते
रहा तू मौन में पत्थर, कमाल है तेरा

निगाह में न कभी झल्के कोई हमदर्दी
हँसी न होंठों पर आए, कमाल है तेरा

न माज़ी कोई हो जिनका, न हाल, मुस्तक़बिल
निकाले उनका भी हल तू, कमाल है तेरा!

ये जुल्म सीखा है तूने, विदेशी साए में
अतालवी हों कि जर्मन, कमाल है तेरा

फ़ुज़ूल में तुझे बदनाम कर रहे हैं लोग
निजात ही तो दिलाई, कमाल है तेरा!

नई नई सी परिभाषा लाया तू ऐ दोस्त
कि चैन कहते हैं किसको, कमाल है तेरा

तेरे अमीर जो बैठे हैं अपने महलों में
करम भी तेरा उन्हीं पर, कमाल है तेरा

सुने भी शायद न हों तूने चंद ये अल्फ़ाज़
ख़याल, रहम, करम, सब कमाल है तेरा!

हाँ, बाज़ लफ़्ज़ों से मानूस होंगे तेरे कान
'जलाओ', 'काटो', 'उड़ा दो', कमाल है तेरा

कमाल ये भी है पोशाक से तू है इनसाँ
सिफ़त में भेड़िया लेकिन, कमाल है तेरा!

माहिर=काबिल

23
एक सलाह

रोज़े-महशर सवाल होगा जब
अपना चेहरा कहाँ छुपाओगे

ईश्वर से चुराओगे नज़रें
और कुछ भी बता न पाओगे

क़त्लो-ग़ारत की है तिजारत की
काशी अब किस मुँह से जाओगे

धूल आँखों में झोंक कर क्या तुम
अपने ईश्वर से पार पाओगे

तंत्र प्रजा की आड़ ले कर हाँ
बे सहारों को कुचले जाओगे?

राज में आते हैं कठिन हालात
और भी तुम कठिन बनाओगे

सत्ता में आना है नहीं मुश्किल
राज का धर्म क्या निभाओगे?

भेद तो खुलना है इक रोज़
कब तलक चेहरा यूँ छुपाओगे

होगे नाकाम गर इरादों में
एक फिर से मुहिम चलाओगे

केंचुल अपना उतारो जितनी बार
साँप हो साँप जाने जाओगे

दूरदृष्टि की बातें करते हो
पास का भी न देख पाओगे

खेल नीयत का सारा है प्यारे
साफ़ कर लो, सुकून पाओगे

सब के होकर अगर रहोगे तुम
सर पे बेशक बिठाए जाओगे

रोज़े–महशर=मौत के बाद हिसाब का दिन

24
क़ाबिले-ग़ौर बातें

लगाना दिल कहाँ है, और किस को दूर रखना है
किसे है छोड़ देना, और किस को पास लाना है
समझ पाऊँ जो मैं, समझाऊँ तुमको

सलाहों का है ताँता-सा लगा, कुछ और आने हैं
किसे है याद रखना, और कितने भूल जाने हैं
समझ पाऊँ जो मैं, समझाऊँ तुमको

हो घर तनहाई का मसकन, यहाँ या शोर होना है
रहे याँ क़हक़हों की गूँज या बेबस का रोना है
समझ पाऊँ जो मैं, समझाऊँ तुमको

है किस का हाल लेना, और किसको छोड़ देना है
कठिन हालात आएँ, कैसा इनको मोड़ देना है
समझ पाऊँ जो मैं, समझाऊँ तुमको

किसी अंजान से कितना ताल्लुक़ को बढ़ाना है
कहाँ अपनों से रिश्तों की हक़ीक़त को घटाना है
समझ पाऊँ जो मैं, समझाऊँ तुमको

नए हालात आते हैं, उन्हें बेहतर बरतना है
किसे आज़ार जानें, और किस्को सुख समझना है
समझ पाऊँ जो मैं, समझाऊँ तुमको

बदलते रंग हैं सब, दिल को ये जाकर बताना है
कहाँ सीधा है चलना, और कहाँ राहें बदलना है
समझ पाऊँ जो मैं, समझाऊँ तुमको

मुक़द्दर रोने गाने से कभी बदला नहीं करते
अमल का जलवा है हर सू, नहीं हैं ये दग़ा करते
समझ पाऊँ जो मैं, समझाऊँ तुमको

सफ़र कितना हुआ तय और कितना होना बाक़ी है
बची हिस्से में मै कितनी है, कह देगा, वो साक़ी है
समझ पाऊँ जो मैं, समझाऊँ तुमको

संदेशा हैं, न चिट्ठी है, न पूछा कुछ, न ख़ुद जाना
बता कर खेल क़िस्मत का, बनाया मुझको दीवाना
समझ पाऊँ जो मैं, समझाऊँ तुमको

है कैसी ज़िन्दगी ये, हूँ न ज़िन्दों में, न मुर्दों में
तुम्हीं कह दो लगेगा कैसा, हो महबूब पर्दों में
समझ पाऊँ जो मैं, समझाऊँ तुमको

मसकन=डेरा; आज़ार=तकलीफ़, सू=तरफ़, मै=शराब

25
हक़ और घर

कभी इन चिड़ियों से भी पूछना है
तुम्हारा घर कहाँ है?
ये घर है क्या, ये घर है कब
हुआ करता है किसका ये?
रिटायर हो चुका हूँ मैं
जो कहते हैं वो कालेज था
ग़लत हैं वो!

है कब पहचान रिश्तों की
है कब पहचान जगहों की
वो मेरा घर था मेरी जान!
वही हर रोज़ का जाना
क़तारें कमरों की होतीं
बड़े कुछ और कुछ छोटे
मगर वो सारे अपने थे
मैं संग बच्चों के रहता था
बहुत कुछ सीखता उन से
(कभी उनको सिखाता भी!)
वो मेरा घर था, मेरा हक़ था उस पर
अगर ज़्यादा नहीं तो कम भी कब था!

अभी भी सारे कमरे हैं
अभी भी सारे बच्चे हैं
मगर वो हक़ नहीं है
वो बस अब घर नहीं है!
कहाँ जाऊँ मैं उनमें अब

क़तारों में हैं कमरे जैसे थे वो
क्लासों में हैं बच्चे जैसे थे वो
हूँ 'मैं' बस घर से बाहर!

सुनाई देगी गर जाऊँगा ख़ुद आवाज़ अपनी
वहाँ बच्चे नहीं होंगे, हाँ बस आवाज़ें लौटेंगी
मैं डर जाऊँगा, वापस आऊँगा, वो घर नहीं है
वहाँ अब मेरा कोई हक़ नहीं है

बरस बीते हैं तब ये जान पाया दर्द क्या है
हमारी बेटियाँ क्यों यूँ तड़पती हैं
जब उनकी डोली उठती है
उन्हें महसूस हो ये अब नहीं घर
नहीं है हक़ कोई इनका अब उस पर
ये 'हक़' है जो असल है घर का मालिक
अगर हक़ है तो फिर घर है
नहीं है तो पटख़ लो पाँव कितने
नहीं वो घर तुम्हारा अब
वो कालेज हो या माईका!

कहावत है मकीं से ही मकाँ है
ग़लत मैं क्यों कहूँ, होगा
मगर मेरे लिये ऐसा नहीं है
हमेशा से मकाँ से ही मकीं जाना

हों ये हालात अपने ख़ुद
या फिर हों बेटियों के वो
यही कड़वा वो सच है जो निगलना है
मुझे भी, बेटियों को भी!

मुझे अपनी ही कड़वाहट से है
दो चार होना अब
सदी बीती है आधी जब
छिना है एक घर मेरा
मिलेगा दूसरा अब कब
इकट्ठा ही मिले शायद
दोबारा फिर रिटायर हूँ
दोबारा घर का हो अफ़सोस
या फिर घर न होने का!!!

मकीं=रहने वाले, मकाँ=मकान

26
मैं कौन ?

खुला मैं आसमाँ हूँ
न जाने मैं कहाँ हूँ

जो धरती छोड़ दूँ तो
हवा में इक मकाँ हूँ

हूँ नन्हा एक क़तरा
समुन्दर बेकराँ हूँ

गिरें बूँदें वो शबनम
गर्म आतिश फ़शाँ हूँ

अलग हैं रूप मेरे
मैं इनके दरमियाँ हूँ

रहे जिस गुल पे भँवरा
चमन की वो मैं जाँ हूँ

मैं अर्जुन का निशाना
वही तीरो-कमाँ हूँ

गरज बादल की हूँ मैं
मैं कोयल की फ़ग़ाँ हूँ

गुलों में जो भरे रंग
मैं वो दिलकश समाँ हूँ

जो दावत दे अमल की
वो मस्जिद की अज़ाँ हूँ

कभी जो हो न पूरी
वो हसरत बेज़ुबाँ हूँ

लगाएँ वक़्त आशिक़
वो मेहनत रायगाँ हूँ

जहाँ शर्माए दुल्हन
मैं उस्के दिल की हाँ हूँ

हक़ अपना माँगे हक़ से
ग़रीबों की ज़बाँ हूँ

दिखाऊँ जलवे ऐसे
मैं मालिक-दो-जहाँ हूँ

जो खोलूँ राज़ हक़ के
मैं यज़दाँ की ज़बाँ हूँ

बेकराँ=असीम, आतिशफ़शाँ=ज्वालामुखी, फ़ग़ाँ=आह, रायगाँ=व्यर्थ, यज़दाँ=ख़ुदा

27
एहसान का इक़रार

तुम्हारा कितना है एहसान, दुनिया को है क्या मालूम
मैं जो कुछ आज हूँ, कुछ कल रहूँगा सब को हो मालूम

मैं मुश्ते-ख़ाक था तुमने बनाया मुझको इक शायर
मेरी है शायरी क्या बस तुम्हीं तुम हो किसे मालूम

हो दुनिया को पता खोया है चैन इक तेरी चाहत में
ये बेचैनी मुझे देती है कितना चैन क्या मालूम

सतह पर देखते हैं जो उन्हें क्या कुछ नज़र आए
मगर जो झाँकते हैं दिल के अन्दर है उन्हें मालूम

ग़मे-दौराँ में उलझी है ये दुनिया सब इसी के हैं
ग़मे-जानाँ से रिश्ता गहरा कितना है किसे मालूम

निकलती साज़ से है धुन बड़ा है शौक़ लोगों में
मगर गुज़रे जो हर पल साज़ पर वो है कहाँ मालूम

किताबे-इश्क़ में ग़र नाम तुम देखो नहीं अपना
न छोटा करना दिल कोई, नहीं है कुछ इन्हें मालूम

हो तुम इक मोम की गुड़िया कई ऐसा समझते हैं
मगर जो आहनी है अज़्म अन्दर वो किसे मालूम

सुतूर कुछ मेरी ग़ज़्लों के, हूरूफ़ इन चन्द नज़्मों के
कहाँ ले जाएँगे तुमको उठा कर क्या तुम्हें मालूम

मैं शायर हूँ, तुम मेरी चल्ती फिरती एक दौलत हो
तुम्हारा ही दिया खाता हूँ कितनों को है ये मालूम?

मुश्ते-ख़ाक=मुट्ठीभर मिट्टी, ग़मे-दौराँ=दुनिया के ग़म, ग़मे जानाँ=प्रेम के दुख, आहनी=इस्खाती, अज़्म=संकलन, सुतूर=पंक्तियाँ, हूरूफ़=अक्षर

28

तड़प का एहसास

मुझसे पोशीदा नहीं तेरी तड़प!
फ़र्क़ बस ये है बे आवाज़ है ये
चीख़ उठती है, पर अन्दर अन्दर
खाए जाता हो कोई ग़म जैसे
शिद्दते-भूख से तंग आकर
अपनी रफ़्तार बढ़ा देता है!

जिस्म सूखा रहे या हो फ़रबा
बैठे खाने को यहाँ सब तैयार
बारी का इन्तज़ार है याँ बस
ग़म का खाया बचा ये खाते हैं!
परदा उठना है झूठ से इक आज
लिख जो रखा है मोटे हरफ़ों में
''चेहरा होता है आईना दिल का''

तूने मुझ पर ये राज़ खोला था
करता है तू मुहावरों को ग़लत
तब तो कुछ मैं समझ न पाया था
बात गुम हो गई रवानी में
बीता कल अब रहा नहीं है कल
आज पर भी सवार हो बैठा!

और वो तेरा चेहरा नूरानी
आज भी तो दमकता रहता है
किसने देखा है झाँक कर अन्दर
है समेटे न जाने कितने ग़म
वो बना इनका आशियाना है!

लगता है तूने ठान ली है आज
फिर करेगा मुहावरों को ग़लत
बारी बारी से हार जाएँगे
हारना अब बना मुक़द्दर है
है तू फ़ातेह मगर ज़रा सुन ले
अपने तन को सिकोड़ ले जितना
अपने चेहरे को ढाँप ले जितना
मुझसे पोशीदा नहीं तेरी तड़प!

शिद्दत=सघनता, फ़रबा=मोटा, आशियाना=घर, फ़ातेह=विजयी, पोशीदा=छिपा हुआ

29
चाहत दिल की

कभी दिल चाहता है नाम ले लूँ अपने क़ातिल का
मगर फिर सोचता हूँ ले लिया तो इससे क्या होगा

बुरा दिल करते रह जाएँ, नतीजा कुछ नहीं हासिल
मेरा जो पासबाँ था बन गया दुश्मन तो क्या होगा

वतीरा है यही दुनिया का सब के साथ होता है
मुहब्बत करने वाले सोचते हैं कब कि क्या होगा

फ़िक्र न हिज्र की कोई, यहाँ है वस्ल बेमानी
मुहब्बत में रहे सरशार, देखा कब कि क्या होगा

ये चश्मा बहता रहता है बुझाते प्यास हम अपनी
नहीं जाना कहाँ से आता है, के इससे क्या होगा

रहे मतलब से मतलब, आगे इस्से सोचना क्यों हो
चलें दिल के इशारों पर, लगाई अक़्ल क्या होगा

बस इसमें डुबकियाँ लेनी हैं, सर रखना मगर ऊपर
ख़ुदारा ये न पूछो सर रहा ऊपर तो क्या होगा ?

चलें बातें जो दिल की, अक़्ल सो जाए यही अच्छा
रही जागी तो फिर संगीन हाँ ये मामला होगा!

न तुम होगे, न माशूक़ा, न आगे की कोई मंज़िल
जहाँ दस-पाँच बैठेंगे, यही क़िस्सा बयाँ होगा!

पासबाँ=हिफ़ाज़त करने वाला, वतीरा=तरीक़ा

30

क्या भूलूँ और क्या याद करूँ?

यादों का क़ाफ़िला रुकता नहीं, क्या भूलूँ और क्या याद करूँ
बचपन से ऐन जवानी तक, क्या भूलूँ और क्या याद करूँ

जब तेज़ हवा वीराने को कुछ और भयानक करती थी
जब अम्मी दरवाज़े पे खड़ी बस रस्ता देखा करती थी
हम फिरते तब थे इधर-उधर आवारा बस आज़ादी से
थे लापरवाह, जाना ही कब, क्या किस पर बीता करती थी
क्या भूलूँ और क्या याद करूँ

मकतब से निकलना छिप-छिप कर और फिरना गलियों में यूँही
दो-चार निकल कर आ जाएँ शामिल हों मटरगश्ती में सभी
कंचे हाथों में भर-भर कर, सब साधें निशाने शीशों पर
फिर भाग खड़े सब का होना मिलती जब अब्बा की धमकी
क्या भूलूँ और क्या याद करूँ

कुछ धक्का-मुक्की दोस्त के संग कुछ संगत सुन्दर-सुन्दर सी
वो मिल के खाना एक जगह वो मुँह में डालना मिर्ची-सी
आए जो समय बिल भरने का जेबों में हाथ अटक जाएँ
हाथों को कभी बटुआ न मिले, हो जाए उसे भी अदावत सी
क्या भूलूँ और क्या याद करूँ

पढ़ने के बहाने ए सी में जा बैठ किताबें ले लेना
और इसकी आड़ में बैठ के दस दिलचस्प नज़ारे कर लेना
हो जाए कोई जो सर पे खड़ा, पेंसिल से लकीरें खींचना कुछ
टलते ही बला के, फिर से इन्हें पन्नों से मिटाने में लगना
क्या भूलूँ और क्या याद करूँ

ये आख़िरी साल भी कालेज के कितने दिलकश हो जाते हैं
पढ़ना-लिखना रहे दूर की बात, बस नाम-पते लिये जाते हैं
कालेज आते हैं मिलने को, लेक्चर से है अब नाता क्या
बस एक फ़ेयरवेल होना है, तैयारी में जुट जाते हैं
क्या भूलूँ और क्या याद करूँ

वो दिन आ पहुँचा आज ही तो या जीतना है या हारना है
या सीने पर होगा तमग़ा, या दिल को अपने मारना है
कोशिश तो रही पूरी लेकिन कोई और ही बाज़ी मार गया
तक़दीर करेगी कुछ बेहतर, ये सोच के बस ख़ुश रहना है!
क्या भूलूँ और क्या याद करूँ

मकतब=विद्यालय, अदावत=दुश्मनी, तमग़ा=पुरस्कार

31

इल्तेजा

ख़ुदारा दिल बदल दे
तड़प कामिल बदल दे

नज़र हट जाए उनसे
मेरी महफ़िल बदल दे

सजा-ए-ख़्वाब जितने
रहे फ़ाज़िल, बदल दे

वो कल तक थे जो दुश्मन
गले मिल-मिल बदल दे

कभी रूदाद सुनकर
दिले बिसमिल बदल दे

सफ़र दरपेश है अब
मेरी मंज़िल बदल दे

समुन्दर पास हो गर
मेरा साहिल बदल दे

नज़्म है ज़ीस्त का जो
लगे मुश्किल, बदल दे

दुआओं में गर अपनी
वो हो शामिल, बदल दे

न दे जीने का ताना
अरे संगदिल बदल दे!

न दुनिया भाए अब तो
मेरा हासिल बदल दे

न रख लटका ए जाँ को
मेरा क़ातिल बदल दे!!

कामिल=सम्पूर्ण, ख़ुदारा=ख़ुदा के लिए, रूदाद=फ़रियाद, बिसमिल=घायल, दरपेश=सामने; आनेवाला, ज़ीस्त=ज़िन्दगी, संगदिल=पत्थर दिल

32
वस्ल की चाह

एक अरसा हुआ मिले तुम से
किस से जाकर कहूँ ये दुख अपना
सच बता दूँ तो जग हंस दे
तुम से मिलना है दोस्त इक सपना

कोई ऐसा ख़्याल कब गुज़रा
छोड़ जाओगे तुम मुझे ऐसे
इक झलक को तरस सा जाऊँगा
आ नहीं पाए, भूलूँ मैं कैसे

अब तो डसती है ऐसे तन्हाई
जी ये करता है अब सजे महफ़िल
लेकिन धोखा हो दिल का ये शायद
सच तो ये है कि कुछ न चाहे दिल

एक ही है शहर फिर भी
दूरियाँ इतनी बीच हायल हैं
जैसे हों सात दरिया पार
हम रहे तेरे दर के सायल हैं

एक मुश्किल है और आन पड़ी
अब कहाँ तुम कि जैसे थे पहले
अस्पतालों में वक़्त जब गुज़रे
चाहने वाला कैसे ये सह ले

गर कभी यूँही दिल में आए
गर कोई भूल से लगे अपना
दे दो सौग़ात कुछ तो ख़ुशियों की
सच करो, बन गया है जो सपना

मैंने कुछ माँगा है नहीं तुम से
मैं भी मजबूरियाँ समझता हूँ
इक झलक बस दिखा जाओ
दिल को फिर थामे रखता हूँ!

हो गया अब जो होना था
ज़ोर अब कोई है किस पर
रास्ते भी अब बने अंजान
सारा दारोमदार है तुम पर

कैसे दिल मार कर ये लिखा है
कैसे सब छोड़ कर अरज़ रखी
दिल तुम्हारा भी तो धड़कता है
कैसे मानूँ, न होगे तुम भी दुखी!

अब नहीं वक़्त कुछ झगड़ने का
और मिलनी नहीं है मोहलत अब
आभी जाओ कि देख लूँ इक बार
रुख़सत होने को ज़िन्दगी है अब

अरसा=अवधि, हायल=बाधक, सायल=भिखारी, दारोमदार=निर्भर, रुख़सत=विदा

33
ये आँखें बोलती हैं

इबारत पढ़ने वाले जब किसी चेहरे को पढ़ते हैं
कहीं जाती नहीं उनकी नज़र, आँखें ही पढ़ते हैं
ये आँखें बोलती हैं
है गर ये आम सा इक दिन, पता लग जाए चेहरे से
सपाट आँखें, सपाट काया, दिखाई दें न गहरे से
ये आँखें बोलती हैं
अगर फैलें बराबर से समझ लीजिये ख़ुशी आई
जो फैलें कुछ ज़्यादा, यानी इसकी इन्तेहा आई
ये आँखें बोलती हैं
ये आँखें गर रहें नीची, न अपना ज़ाविया बदलें
तो है शर्मिन्दगी ऐसी कि तब रोए या अब रो लें
ये आँखें बोलती हैं
दिखाई दे ज़रा धुँधला, फिर ये आबदीदा हैं
ये मोटे मोटे क़तरे ग़म के हैं, रिश्ते कशीदा हैं
ये आँखें बोलती हैं
जो वीरानी सी छाई हो तो ख़ालीपन का डेरा है
नहीं है बस रहा कोई, ख़मोशी का बसेरा है
ये आँखें बोलती हैं
चमक उठें, समझिये कोई ख़ुशख़बरी इधर आई
कई ख़ुश हो लें बिन जाने, कई तो नापें गहराई

ये आँखें बोलती हैं
ग़रज़ है आँखों का जलवा, जहाँ देखा, जिधर देखा
इन्हीं आँखों से हो जाता पता है हर की फ़ितरत का
ये आँखें बोलती हैं

इबारत=लिखी, ज़ाविया=कोण, इन्तेहा=अतिरेक, आबदीदा=आँसू से भरी, कशीदा=तनावयुक्त, फ़ितरत=प्रकृति

34
एक सोच

तेरा तो है हिसाब बरसों का
मैं तो लम्हों में रोज़ जीता हूँ

हिज्र में है ये ज़िन्दगी गुज़री
ग़म जुदाई का रोज़ पीता हूँ

उफ़ भी कर दूँ तो तू बुरा माने
ख़ौफ़ तेरा है, लब को सीता हूँ

ज़िन्दगी के हज़ार ज़ेरो बम
सीने पर ज़ख़्म लेके जीता हूँ

इक भयानक शक्ल डराती है
'मैं ही तेरा वो वक़्त बीता हूँ'

दाग़ से है भरी किताबे-हयात
कौन कहता है मैं तो गीता हूँ!

हौसला खोया है नहीं फिर भी
खेला जब भी है बाज़ी जीता हूँ!

हिज्र=जुदाई, ज़ेरो बम=ऊँच नीच, किताबे-हयात=ज़िन्दगी की किताब

35

किसी के बर्थडे पर

किसी की उम्र बढ़ती है, कहीं कम होती जाती है
कहीं ख़ुशियाँ मिली हैं पर कहीं दुख में ये छाती है

किसी ने उम्र पाई है, किसी को है अभी पाना
कभी गिनती तो हो सीधी, कहीं ये उलटी आती है

तुम्हारे आगे दुनिया है, अभी इक्कीस की हो तुम
मगर दुनिया अनोखी है, नये जलवे दिखाती है

अभी कल ही मनाया था ख़ुशी से जन्मदिन अपना
फिर रेखा फ़िक्र की क्यों, आज पेशानी पर आती है

सिफ़त तुम को मिली है एक मुसबत सोच की, पर हाँ
फ़िक्र वाजिब है, दुनिया जाने क्या-क्या लेके आती है

बड़ा इक उम्र का हिस्सा जो बीता था जवानी में
मैं क्या बतलाऊँ कितनी आज उस्की याद आती है

बरस चालीस पहले, मैं वहाँ था, अब जहाँ हो तुम
ज़रा तुम देखना ये उम्र क्या-क्या गुल खिलाती है!

मेरा गुज़रा न लौटेगा, तुम्हारा आने वाला है
निगाहें ऊँची तुम रखना, मेरी अब नीचे आती है

सफ़र लम्बा हो तो कुछ साथ ज़ादे राह लेते हैं
जवानी हो तो फिर ये बात कब समझ में आती है

ताल्लुक़ यूँ न तोड़ो, काम आऊँगा तुम्हारे मैं
मुझे भी चाहिए साया, बहुत अब धूप आती है!

ये हैं आज़ाद रिश्ते, देखो थोड़ा दिल बड़ा कर के
दिलों के इस ताल्लुक़ में, उम्र कब बीच आती है?

मुझे दीवाना गर पाओ, न हो उनवान हैरत का
शमा की बुझने से पहले तो लौ तेज़ होती जाती है

अगर नज़रों में होगे तुम, तुम्हारी ढाल हूँगा मैं
लगाए ज़र्ब दुनिया कितने, सहने को ये छाती है!

हाँ जो गिर जाऊँ रस्ते में, क़दम आगे बढ़ा लेना
जो बीता कल, कहाँ दुनिया उसे गिनती में लाती है?

जो आने वाला है उसकी क़दर है सारी दुनिया में
मगर होगा हशर इसका वही जो गुज़रा साथी है!

समझ कर, बूझ कर, चाहत की दुनिया में क़दम रखना
जवानी में हुई ग़लती, बहुत दुख दे के जाती है!

सिफ़त=गुण, मुसबत=सकारात्मक, ज़ादे राह=रास्ते के लिये कुछ, उनवान=शीर्षक, ज़र्ब=चोट

✪✪✪